中国社会科学院院际合作系列成果·厦门
顾问：李培林 黄 强 主编：马 援 张志红

CO-PRODUCTION AS SOCIAL CONSTRUCTION
IN HAICANG

共同缔造
与海沧社会建设

梁 晨 房莉杰 李秉勤 王 晶 单丽卿 著

社会科学文献出版社
SOCIAL SCIENCES ACADEMIC PRESS (CHINA)

中国社会科学院和厦门市人民政府科研合作项目组

顾　问

　　李培林　中国社会科学院副院长

　　黄　强　厦门市委常委、常务副市长

丛书编委会主任

　　马　援　中国社会科学院科研局局长

　　张志红　厦门市发展和改革委员会主任

中国社会科学院总协调组

　　组　长：王子豪　中国社会科学院科研局副局长

　　成　员：孙　晶　中国社会科学院科研局科研合作处处长

　　　　　　任　琳　中国社会科学院科研局科研合作处干部

厦门总协调组

　　组　长：傅如荣　厦门市发展和改革委员会副主任

　　成　员：戴松若　厦门市发展研究中心副主任

《共同缔造与海沧社会建设》课题组

课题组长：

　　王春光（中国社会科学院社会学研究所）

　　江根云（厦门市海沧区政府）

课题组成员：

　　李秉勤（澳大利亚新南威尔士大学）

　　房莉杰（中国社会科学院社会学研究所）

　　梁晨（中国社会科学院社会学研究所）

　　李振刚（中国社会科学院社会学研究所）

　　王晶（中国社会科学院社会学研究所）

　　张文博（中国社会科学院社会学研究所）

　　单丽卿（北京大学社会学系）

　　宗世法（中国社会科学院社会学研究所）

　　潘永松（中国社会科学院社会学研究所）

　　齐文思（中国社会科学院社会学研究所）

　　王玉琪（美国罗格斯大学社会工作学院）

　　巢小丽（宁波行政学院）

　　王溢铭（厦门市海沧区政府）

　　龚志猛（厦门市海沧区政府）

序　言

厦门是一座美丽而富含文化底蕴的城市，素有"海上花园""海滨邹鲁"之称。作为我国改革开放最早的四个经济特区之一，三十多年来，厦门人民始终坚持先行先试，大力推动跨岛式发展，加快城市转型和社会转型，深化两岸交流合作，努力建设"美丽中国"的典范城市和展现"中国梦"的样板城市，造就了厦门今天经济繁荣、文明温馨、和谐包容的美丽景象。

2014年11月，按照习近平总书记密切联系群众、密切联系实际、向地方学习、向人民学习的要求，中国社会科学院院长、党组书记、学部主席团主席王伟光率中国社会科学院学部委员赴厦门调研。在这次调研中，中国社会科学院和厦门市人民政府签订了《战略合作框架协议》和《2015年合作协议》，合作共建了"中国社会科学院学部委员厦门工作站"和"中国社会科学院国情调研厦门基地"。中国社会科学院与厦门市的合作在各个层级迅速、有序和高效地开展。

中国社会科学院和厦门市具有持续稳定的良好合作关系。此次双方继续深化合作，是中国社会科学院发挥国家级综合性高端智库优势作用，为地方决策提供高质量智力服务的一个体现。通过合作，厦门市可以为中国社会科学院学者提供丰富的社会实践资源和科研空间，能够使专家学者的理论研究更接地气，更好地推进我国社会科学理论的创新和发展，也能为厦门市科学、民主、依法决策提供科学的理论指导，使双方真正获得"优势互补"的双赢效果。

习近平总书记在哲学社会科学工作座谈会上指出：坚持和发展中国特色社会主义，需要不断在实践和理论上进行探索、用发展着的理论指导发展着的实践；广大哲学社会科学工作者要坚持人民是历史创造者的观点，树立为人民做学问的理想，尊重人民主体地位，聚焦人民实践创造。实践是创新的不竭源泉，理论的生命力也正在于创新。只有以我国实际为研究起点，才能提出具有主体性、原创性的理论观点和伟大作品。正是厦门人民在全国率先推动"多规合一"立法、在全国率先实施"一照一码"等许多创新性实践，为我们这套丛书中的理论闪光点提供了深厚的社会实践源泉。在调研和写作过程中，我们自始至终得到厦门市委、市政府、发改委、发展研究中心、自贸片区管委会、金融办、台办、政务中心管委会、社科院、海沧区政府等许多单位的支持和帮助，得到许许多多厦门市专家和实际工作部门同志的指点。在此，向他们表示由衷的感谢和真诚的敬意。

祝愿中国社会科学院和厦门市在今后的合作中更加奋发有为、再创佳绩，推出更多更好的优秀成果。

中国社会科学院副院长

2016 年 8 月 23 日

内容提要

作为厦门市的一个区级单位，海沧区诞生于改革开放时期，并在改革开放中快速发展，城市化、工业化和对外贸易水平都处于全国前列，随之而来的除了享受经济发展带来的红利，还经历了社会建设的转向。在贯彻厦门市委市政府倡导的"美丽厦门·共同缔造"战略过程中，海沧区通过社会政策的推进和实践，在城乡一体化、外来人口服务与管理、社会组织和社区组织培育方面出台了多项政策，鼓励各级政府引入社会组织参与社会治理，使"共同缔造"理念变成行动，极大地激发了社会参与的积极性，推进多元治理和社会福利，形成了良好的社会建设格局。本书从社会建设和社会政策角度出发，解析海沧区进行"美丽厦门·共同缔造"战略理念和社会政策的实践过程，以期对全国社会建设有一定的示范价值。

Summary

Haicang, a coastal district of Xiamen city, was sprung up after the reform and opening up. Its rapid development during the past four decades took the levels of its urbanization, industrialization and foreign trade to the forefront of the nationwide, which in turn brought not only the dividends of economic growth, but also challenges of social transformation. All the emerging social problems call for a change even innovation towards social construction. In carrying out the strategy of "Beautiful Xiamen Co-production" advocated by Xiamen municipal government in 2013, Haicang has found the golden key to solve these social problems through launching a series of policies towards different groups, and encouraging active participation in all co-production programs among urban and rural communities, and social organizations as well. From the perspective of social construction and social policy, this book analyses the concept and local practice of "co-production" strategy of Haicang district, which to some extent sets an example on social construction for other places of whole China, although this early approach is still not perfect yet.

目　录

**第一章　地方社会建设中的"共同缔造"：作为一种
　　　　新的政策范式** ………………………………………… 001
　第一节　施政理念的转型：迈向社会建设的时代…………… 002
　第二节　地方社会建设实践中的"共同缔造"：作为一种
　　　　　新的政策范式……………………………………… 010
　第三节　"共同缔造"中的国家—社会关系 ………………… 018
　第四节　社会建设中的政府角色……………………………… 031

第二章　厦门海沧区"共同缔造"的政策实践 ……………… 036
　第一节　海沧区的经济社会状况与社会政策需求…………… 037
　第二节　海沧区"共同缔造"的政策实践 …………………… 049
　第三节　结语…………………………………………………… 064

第三章　"共同缔造"与外来人口的社会融合 ……………… 067
　第一节　外来人口的社会融合问题…………………………… 069
　第二节　海沧外来人口的现状和地位………………………… 073
　第三节　外来人口高度集中和快速增加带来的社会问题…… 077
　第四节　"共同缔造"对外来人口社会融合的作用 ………… 081
　第五节　面临的问题…………………………………………… 092
　第六节　结论和政策建议……………………………………… 097

第四章 "共同缔造"与城乡一体化 ……………………… 101
- 第一节 城乡一体化 …………………………………… 102
- 第二节 厦门城乡一体化的进程和相关政策 …………… 113
- 第三节 地方治理的不同模式 …………………………… 119
- 第四节 海沧城乡一体化的案例 ………………………… 126
- 第五节 "共同缔造"的实际效果 ……………………… 140
- 第六节 结论 ……………………………………………… 143

第五章 "共同缔造"与社会组织发展：拓宽社会空间，迈向多元治理 ……………………………………… 147
- 第一节 多元化的社会需求与社会政策新趋势 ………… 147
- 第二节 政府部门培育社会组织的努力 ………………… 150
- 第三节 拓宽社会空间：借"共同缔造"的东风成长的各类社会组织 …………………………… 158
- 第四节 小结与讨论 ……………………………………… 174

第六章 居住分割与社会融合 ……………………………… 178
- 第一节 文献回顾 ………………………………………… 180
- 第二节 户籍与居住差异 ………………………………… 184
- 第三节 社区社会融合的测量 …………………………… 192
- 第四节 社区社会融合的影响因素 ……………………… 199
- 第五节 总结与讨论 ……………………………………… 209

参考文献 ……………………………………………………… 213

后　记 ………………………………………………………… 225

第一章　地方社会建设中的"共同缔造"：作为一种新的政策范式

党的十八届五中全会明确提出了要在2020年全面建成小康社会，并确立了全面建设小康社会必须遵循的原则以及目标要求。中央层面对未来发展目标的明确阐述，也标志着中国正在迈向以社会建设为核心的新时代。改革开放以来，中国的发展奇迹主要表现在经济领域，以快速的GDP增长为核心指标。但是，在快速的经济增长背后，各种社会层面的矛盾也在不断积累，比如经济增长与环境保护之间的关系紧张、群体性事件数量的不断攀升等。面对新的社会形势，越来越多的学者开始强调社会建设的重要性[1]。社会学家陆学艺指出，中国当前诸多经济社会矛盾的根源在于社会结构的调整滞后于经济结构，即我国经济结构已经是工业社会中期阶段，但是社会结构还处于工业社会的初期阶段，并据此提出应从社会政策入手来寻求解决方案[2]。综观近年来中央层面的政策表述，"社会建设""社会治理""民生"等概念被越来越频繁地提出，这都

---

[1] 李培林等：《和谐社会构建与西方社会学社会建设理论》，《社会》2005年第6期；李强：《和谐社会与社会建设》，《中国特色社会主义研究》2007年第6期。
[2] 陆学艺：《当代中国社会结构变动中的社会建设》，《甘肃社会科学》2010年第6期。

表明中央在不断地推动施政理念的转型。那么，中央的理念转型究竟会对地方层面的政策实践产生何种影响？它是否能够有效地推动地方的治理转型？从中央到地方的政策传导机制又是什么样的？本章试图围绕厦门市海沧区的"共同缔造"实践进行讨论，聚焦的核心问题是"共同缔造"与"社会建设"之间的关联，分别从自上而下与自下而上的角度分析政府间（中央与地方）关系以及国家与社会之间的互动。

第一节 施政理念的转型：迈向社会建设的时代

2004年党的十六届四中全会提出了构建社会主义和谐社会的战略目标，而"社会建设"这一概念也成为一个重要主题。此后，在十七大报告中，中央对"社会建设"做了更加明确和系统的阐述，将其放在与经济建设、政治建设以及文化建设并列的位置。十八大报告一方面延续了之前的提法，从保障和改善民生的角度加强社会建设，主要涉及教育、就业、收入分配、城乡社会保障体系、医疗公共卫生体系、社会管理等六大方面；另一方面，则强化了机制和体制层面的探索，提出要在"创新管理中加强社会建设"，加快形成党委领导、政府负责、社会协同、公众参与、法治保障的社会管理体制。从中央层面的报告以及政策文件的表述中，我们可以看出"社会建设"已经在总体的施政框架中占据越来越重要的位置，并且有关"社会建设"的认识也在不断拓宽和深化。这一部分，我们主要是对作为一种施政理念的"社会建设"做更加细致的梳理，讨论概念的演变与发展，并分析提出社会建设的现实背景以及具体的政策指向。具体来说，就是从宏观角度来回答两个问题,中央为什么要进行社会建设,又如何推动社会建设。

一 "社会建设"概念及其内涵的演变

顾名思义,"社会建设"就是要把社会作为建设的对象。但是,作为一个学术概念的"社会",它本身就是一个复杂的概念,包含多种维度。概括来说,它主要有三种含义,分别是大社会、中社会和小社会。大社会对应的是一个整体性的概念,等同于国家整体,比如社会主义和谐社会;中社会常常指代除了经济之外的诸领域;小社会则是与经济、政治、文化领域相对应的概念,是作为大社会系统中的一个子系统[①]。相对应地,从大社会的角度来看,构建社会主义和谐社会本身就是一种社会建设,2020年全面建成小康社会则是一个更为近期的社会建设目标。而在中央层面更加具体的政策表述中,更多的是从相对狭义的角度来定义社会政策的,将社会建设与经济建设、政治建设、文化建设相并列。

从"社会建设"在中央层面的官方表述中出现的顺序来看,它的概念及内涵呈现了由抽象到具体的转变。2004年"社会建设"这一概念首次出现时,更多强调的仍是"和谐社会建设"这一总体性目标,《关于加强党的执政能力建设的决定》中只有一小段具体论述,并且主要仍是从社会管理的角度展开的。而从十七大报告之后,社会建设则逐渐从抽象的施政理念转变为清晰界定的具体领域,逐渐被细化为六个方面,从而能够更有效地落实为具有可操作性的政策实践。具体来看,官方政策话语中的"社会建设"概念,

---

[①] 陆学艺:《关于社会建设的理论和实践》,《国家行政学院学报》2008年第2期。

它的内涵实际上超越了传统的社会事业的范畴，即不局限于科教文卫艺体等方面，正如邹农俭所指出的那样："社会事业只是现代意义上的社会建设范畴内的一小部分。"对于"社会建设"究竟应该包括哪些内容，学者们在论述时往往强调不同的面向，但是一种共同认识是，"社会建设"应该是一个涉及国家宏观战略选择层面的概念，其实质在于社会资源和社会机会的合理配置，其目的在于改善民生和促进社会的和谐与进步①。

从"社会建设"这一概念在官方话语中的演变来看，十八大以来的各项中央文件中基本都涉及社会建设的六大领域。值得注意的是，十八届三中全会、四中全会以及五中全会的官方决议中出现了一些表述的调整，不再把"社会建设"与六大领域等同起来。尤其是十八届三中全会通过的《中共中央关于全面深化改革若干重大问题的决定》，并未直接出现"社会建设"的提法，但对"创新社会治理体制"做了详细论述，强调"改变社会治理方式""激发社会组织活力""创新有效预防和化解社会矛盾体制""健全公共安全体系"等。这种变化并不意味中央对社会建设重视程度的降低，而是反映了一种更为深层的社会建设理念转型，即从社会管理意义上的社会建设转向社会治理。治理是 20 世纪 90 年代兴起于西方的一场公共行政领域的革命，它所要回应的是由市场失灵和政府失败所带来的问题，其核心是由传统的追求单一主体治理转向一种多元共治的局面。因此，十八届三中全会所倡导的治理转型以及

---

① 李友梅等：《当代中国社会建设的公共性困境及其超越》，《中国社会科学》2012 年第 4 期；陆学艺：《社会建设就是建设社会现代化》，《社会学研究》2011 年第 4 期；孙立平：《社会建设的目标是促进社会进步》，《北京工业大学学报》（社会科学版）2009 年第 2 期。

关于"创新社会治理体制"的具体表述，实际上是将"社会建设"推向纵深，即不再简单地由政府来定义社会建设是什么，或者划定一些社会建设的领域，而是更多地从机制和体制的层面去推动国家与社会关系的调整与转型，这在实质上拓宽了社会建设的内涵与领域。在党的十八届五中全会通过的《中共中央关于制定国民经济和社会发展第十三个五年规划的建议》（以下简称《建议》）中，原本归属于社会建设的六大领域被扩充为八个方面，并划归在"坚持共享发展，着力增进人民福祉"这一标题之下。这使中央文件中对"社会建设"的描述更加贴近全面小康社会的目标，社会建设成为一个综合性、更具包容性的发展目标与理念。此外，《建议》还进一步强调了"加强和创新社会治理"，提出"建设平安中国，完善党委领导、政府主导、社会协同、公众参与、法治保障的社会治理体制，推进社会治理精细化，构建全民共建共享的社会治理格局"。

二 "社会建设"的现实背景

"社会建设"的概念及其内涵的演变，反映了十几年间中央在发展思路和战略层面的不断调整。2004 年，"社会建设"首次进入官方话语体系之时，更多的是一种问题回应式的施政方针调整。十六届六中全会通过的《中共中央关于构建社会主义和谐社会若干重大问题的决定》中，将社会建设的主要思路设定为"以解决人民群众最关心、最直接、最现实的利益问题为重点"，旨在回应存在的影响社会和谐的矛盾和问题，比如发展不均衡、收入分配、社会治安等。相比而言，十七大以及十八大的各次会议则更加凸显了"社会建设"作为国家层面宏观发展战略的重要性，比如十七大报告提出"加快推进以改善民生为重点的社会建设"，在十八大报告中则进一步强调"在改善民生和创新管理中加强社会建设"。由此可以看出,"社会建设"逐步从回应局部问题的策略提升为一种全面的发展战略和理念。

只有把中央层面的政策话语表述放到中国总体改革和发展的现实背景中,才能更好地理解其变化并对此作出阐释。"社会建设"的提出是与各种社会层面的矛盾和问题紧密关联的,进入21世纪之后,社会的不稳定因素不断增加,群体性事件也呈现攀升趋势。《2013年中国社会形势分析与预测》指出,各类社会冲突焦点主要集中在征地拆迁、劳资关系和环境保护等方面,其中征地拆迁导致的群体性事件占50%左右,环境污染加上劳资关系问题引发的群体事件占30%左右,其他的占20%左右。这些社会矛盾很大程度上是由利益冲突引发的,因而亟须引入新的利益协调方法和机制。纵观我国改革开放历程中一直坚持以"经济建设"为中心的发展战略,长期稳定的增长也确实带来了经济发展以及人民物质生活的极大改善。但是,片面追求GDP增长的经济发展方式也面临越来越多的挑战,比如环境污染、日益扩大的贫富差距等问题。面对这样的现实状况,中央开始倡导可持续发展,进而又提出了科学发展观,一方面积极推动经济发展方式的转型,另一方面强调经济社会并举,致力于经济社会的协调发展。正如李强指出的那样,"社会建设的提出是针对过去单纯强调经济指标做法的纠偏,单靠经济发展已经无法解决众多的社会问题,并且需要依靠社会建设去解决经济建设过程中产生的诸多问题"[1]。因此,社会建设的意义在于解决社会问题,缓和社会矛盾,构建和谐社会。

---

[1] 李强:《和谐社会与社会建设》,《中国特色社会主义研究》2007年第6期。

社会建设的意义和必要性，也在很大程度上缘于长期计划经济体制遗留的弊病。在计划经济体制下，国家对经济社会的各个方面实行一竿子插到底的总体性控制，社会的自主空间与活力受到了极大的限制。在当时的城市社会，单位制是一种基本的组织形态，它也是国家进行社会控制、资源分配和社会整合的组织化形式，承担着包括政治控制、专业分工和生活保障等多种功能[①]。不同性质的单位掌握着不同的资源，使社会带有很强的单位分割的特征，由此形塑着当时的社会差距。而农村则实行人民公社制度，从生产到生活的各个层面，制度的刚性和强制性使农民处于被组织的状态，社会自身的主体性和能动性难以得到发挥。改革开放的实质是国家放权，主要是在经济领域逐步使市场成为核心的资源配置原则，但是社会领域的改革远远滞后。以户籍制度为例，它带有很强的计划残余性质，在城乡人口广泛流动的今天，依然延续实行着城乡分割的人口管理方式。根据陆学艺的估算，我国社会结构大约滞后经济结构15年。这就意味着只有通过加速社会层面的改革，才能够补足社会的短板，实现经济与社会的协调发展。

三 社会治理与社会建设

中共十八届三中全会通过的《中共中央关于全面深化改革若干重大问题的决定》，提出"推进国家治理体系和治理能力现代化"的改革目标。对于社会建设而言，这意味着一种重大的调整和深化，开始从社会管理迈向社会治理时代。治理转型为什么会对社会建设的理念与实践产生重大影响？

---

① 李路路：《"单位制"的变迁和研究》，《吉林大学社会科学学报》2013年第1期。

首先，需要理解从管理到治理的转变。社会管理的概念背后对应的是传统的统治思维，而与统治相对的则是"治理"这一概念。治理理论的主要创始人詹姆斯·罗西瑙指出，"与统治相比，治理是一种内涵更为丰富的现象。它既包括政府机制，同时也包括非正式、非政府的机制，随着治理范围的扩大，各色人等和各类组织得以借助这些机制满足各自需要并实现各自的愿望"[1]。治理理论的基本特征是，要求将公共事务的管理权限和责任从传统的"政府"垄断中解放出来，它也可以被视作重塑政府的一种努力。因此，从治理理论来看，强调"社会建设"不仅意味着政府要在发展目标排序上从经济转向社会，其更核心的含义在于重构政府与社会之间的关系。治理强调多权力中心以及各权力主体之间的平等关系。全球治理委员会将治理定义为"各种各样的个人、团体——公共的或个人的——处理其共同事务的总和。这是一个持续的过程，通过这一过程，各种相互冲突和不同的利益可望得到调和，并采取合作行动。这个过程包括授予公认的团体或权力机关强制执行的权力，以及达成得到人民或团体同意或者认为符合他们的利益的协议"[2]。

其次，如何理解"社会建设"过程中的政府与社会关系？十七大报告提出"完善社会管理"，"要健全党委领导、政府负责、社会协同、公众参与的社会管理格局，健全基层社会管理体制。最大限度激发社会创造活力，最大限度增加和谐因素，最大限度减少不和谐因素"。在社会管理的这种表述中，强调的是政府作为管理的主体，而社会和公众分别是协同与参与，其背后仍然反映的是一

---

[1] 詹姆斯·罗西瑙：《没有政府的治理》，江西人民出版社，2001。
[2] 英瓦尔·卡尔松、什里达特·兰法尔：《天涯成比邻——全球治理委员会的报告》，中国对外翻译出版公司，1995。

种政府控制的思路，或者说是政府控制之下的社会发展。而在十八届五中全会通过的《建议》中，与"加强和创新社会治理"相关的措辞发生了一些变化，提出"完善党委领导、政府主导、社会协同、公众参与、法治保障的社会治理体制，推进社会治理精细化，构建全民共建共享的社会治理格局。健全利益表达、利益协调、利益保护机制，引导群众依法行使权利、表达诉求、解决纠纷。增强社区服务功能，实现政府治理和社会调节、居民自治良性互动"。可以看到，2015年的这份文件虽然继续沿用了"社会协同、公众参与"的表述，但是对政府的角色进行了调整，从"政府负责"变为"政府主导"，并且在政府与社会关系上作出了更清晰的论述，提倡的"共建共享""居民自治"等理念带有很强的治理意涵。这些变化反映出，政府更加注重社会建设中社会本身的角色和功能，在官方的认识中，社会也逐步从"被治理的对象"转变为"治理的主体"。

最后，关于社会建设的原则。官方文件和话语中对"社会建设"这一施政理念的表述，主要是从政府的角度和立场进行的论述，它既要符合总体的意识形态体系，又要具备一定的可操作性，从而能够将理念转化为政策实践。并且，《建议》中关于创新社会治理的表述，也在很大程度上体现为一个阶段性目标。因此，学理上的讨论必须超越单纯政府的视角，从社会发展的角度做规律性的发现与探讨，更好地服务于社会建设的目标，推动施政理念的调整与完善。如前所述，相比于社会管理的提法，社会治理时代的社会建设表现为一种施政理念的发展与进步。按照治理的理论，"社会建设"中应该包含多种机制，国家、市场和社会各自发挥不同的功能，共同作为治理的主体，彼此之间形成一种良性互动的伙伴关系。以此来展望社会建设的未来发展，核心仍然在于各治理主体之间关系的调整与重构，逐渐从"政府主导、社会协同"转变为"政府与社会共治"的格局。要推动这种格局的实现，需要在当前的社会建设实践中强调社会性与公共性的原则。所谓社会性，强调的是社会的总体利益、社会的共同性，致力于推动一种类似于帕累托最优的改进①。而公共性则既表现为当前社会建设所遭遇的困境，又是社会建设的重要目标和支撑性条件之一。这种公共性强调的是个人超越极端个人主义，从私人领域走出来，参与公共领域决策，通过平等对话达成共识，维护公共利益和价值取向②。事实上，通过对社会性和公共性的强调，社会建设才有可能带来社会的成长与发育，从而有助于各治理主体之间的良性互动。

第二节　地方社会建设实践中的"共同缔造"：作为一种新的政策范式

21世纪以来，中央话语中对"社会建设"的不断强调，标志着一种新的政策范式正在逐渐形成。政策范式是理解从中央政治话语到基层政策实践转型的核心概念，因为它"不仅指明政策目标以及用以实现这些目标的工具类别，而且还指明它们需要解决的问题的性质"③。政策范式主要有3个基本组成部分：政策目标、政

---

① 李强：《和谐社会与社会建设》，《中国特色社会主义研究》2007年第6期。
② 李友梅等：《当代中国社会建设的公共性困境及其超越》，《中国社会科学》2012年第4期。
③ Hall, Peter A., "Policy Paradigms, Social Learning and the State: The Case of Economic Policy Making in Britain", *Comparative Politics*: 3 (1993).

策工具和政策问题。霍尔的研究将政策范式的转换分为三个阶段，第一阶段面对政策偏离或者出现的问题，往往是在旧有政策范式的框架之内进行调整；第二阶段则会试图在保留原有话语体系的基础上，引入新的政策工具，通过技术性的方式来做政策调整；第三阶段是一个新政策范式形成的核心阶段，即生成一套新的政策话语，并重新对政策问题、目标以及政策工具进行定义。中央层面关于"社会建设"所做的一整套论述，体现为政策范式转换的核心阶段。因为有关"社会建设"的论述并没有局限为一种简单的回应型解决方案，也不仅是一组技术性的政策工具，而是深入整体性的官方意识形态层面，它是与和谐社会、建成全面小康社会的目标紧密关联在一起的。

中央话语中的"社会建设"主要代表了一种官方的意识形态，具有整体性和抽象性的特征。政治话语对地方实践的影响还要看它如何转换为一种具体的政策实践。因此，只有把"社会建设"放在一个具体的地方语境中才能理解它对当今中国社会的实际影响。2014年，厦门市开启了一系列政策改革，其核心理念是"共同缔造"，包含了对政策问题的重新定义，并引入了新的政策工具，试图以此来实现新的政策目标。实际上，"共同缔造"所呼应的正是中央层面提出的"社会建设"要求，相比于"社会建设"理念的抽象性，"共同缔造"是一个更加贴近地方实际的可操作的政策体系。应该说，"共同缔造"是推动"社会建设"理念落地的一个全新的政策范式。

2014年3月，厦门市政府制定了《美丽厦门战略规划》（下文简称《规划》），对厦门的未来发展建设做了总体性的规划。《规划》指出，"建设'美丽厦门'，立足点是要贯彻落实党的十八大和十八届三中全会精神，贯彻落实习近平总书记系列讲话精神和对福建、厦门发展的重要指示精神"。从中可以看出，地方政府的政策创新往往要响应中央层面的理念与精神，以此获得并强化改革的政治合法性。厦门作为一个地级市，它的政策创新是以一种渐进的方式展开的，这就为政策试错和调整创造了时间与空间。为了更好地落实《规划》，厦门市的思明区和海沧区确立为试点区。2013年7月，海沧区出台了《"美丽厦门 共同缔造"试点工作实施方案》（下文简称《方案》），它与《规划》共同构成了海沧区进行"共同缔造"实践的纲领性文件。我们通过对这两份文件的解读并结合海沧区的实践，来具体阐述作为一种政策范式的"共同缔造"的核心要素，即阐明它所对应的政策目标、政策工具和政策问题。

首先，关于"共同缔造"的目标表述。所谓政策目标指某一项或者一组政策所要达成的结果或目的。在中央的政策话语中，"社会建设"本身是中央致力于推动的一项建设任务，同时又是推动和谐社会以及全面建成小康社会的手段。而在厦门的语境下，"社会"这一概念具有更加明确的地理边界，它的内涵也更加具体。《规划》提出的总体目标是"美丽厦门"，即"把厦门打造成为国际知名的花园城市、美丽中国的典范城市、两岸交流的窗口城市、闽南地区的中心城市、温馨包容的幸福城市，努力实现'两个百年'的美好愿景——到建党100年时，建成美丽中国的典范城市；到建国100年时，建成展现中国梦的样板城市，在全国全省发展大局中发挥更大作用"。这样一种政策目标定义充分考虑厦门这座城市的优势与特色，突出了对台的区位优势以及自身经济社会资源状况，因而以"美丽厦门"为目标的共同缔造成为一种植入地方语境的"社会建设"。正是地方化的过程使中央的政策理念能够更接地气、更加贴近基层现实，从而也强化了政策的可执行性。

类似地，《方案》则是《规划》的进一步具体化和地方化。作为区一级的政策创新，《方案》在一开始就呼应了省市两级政府的基本指导思想，强调海沧区的"共同缔造"是为了"实现省委'百姓富'、'生态美'的要求"，同时也是为了"贯彻落实厦门市委、市政府关于开展'美丽厦门 共同缔造'试点工作的重要部署精神"。在具体目标的阐述上，《方案》除了强调要把海沧建设成为美丽厦门的典范新城先行区之外，更是对海沧社会建设的目标做了清晰的描述"缔造一批政府引领、社区自治、群众参与、统筹协调的完整社区、典范社区，将海沧打造成生态优美、产业发达、群众满意的健康生态新城区"。并且，在开展试点建设过程中，海沧区逐步用"活力海沧"来概括其发展的目标。值得注意的是，《规划》所描述的社会建设目标是厦门作为一座城市发展的愿景，海沧区的表述则并非一个行政区的发展愿景，而是进一步强调了社区的重要性，从而将社会建设真正落实到社会的基本单元——社区。

其次，"共同缔造"的政策工具。政策工具就是用于实现某一具体政策目标的技术性手段或者政策方法。《规划》和《方案》都明确地把"共同缔造"作为一种核心的方法，它也是整个政策范式转换或者创新的关键。《规划》将"共同缔造"作为推动社会管理模式转变、推进城市治理体系和治理能力现代化的方法，并对"共同缔造"做了详细的描述如下。

建设"美丽厦门"，方法在坚持"共同缔造"，充分发挥群众的积极性、主动性、创造性，让人民群众更多更公平地共享发展成果。"美丽厦门"要靠全市人民共同缔造。"共同缔造"核心在共同，基础在社区，关键在发动群众参与、凝聚群众共识、塑造群众精神，根本在让群众满意、让群众幸福。在建设中，要树立群众的观念，践行党的群众路线，充分相信群众，紧紧依靠群众，发挥群众的主体作用。要坚持以群众参与为核心，以培育精神为根本，以奖励优秀为动力，以项目活动为载体，以分类统筹为手段，以完善社区建设为基础，从群众身边的小事做起，从与老百姓生产生活息息相关的项目做起，从房前屋后的实事做起，发动群众共办好事实事、共推改革发展，做到决策共谋、发展共建、建设共管、效果共评、成果共享，切实把群众和政府的关系从"你和我"变为"我们"，变"要我做"为"我要做"，变"靠政府"为"靠大家"，实现让发展惠及群众、让生态促进经济、让服务覆盖城乡、让参与铸就和谐、让城市更加美丽。

《规划》表述的核心是政府与群众的关系，强调了群众在政策各个环节中的作用。海沧区的《方案》中更是紧紧围绕"共同缔造"，并主要以"五共原则"去实现"共同缔造"方法和理念的落地，即"通过提供资源、搭建平台，建立有效的引导和激励机制，让广大群众主动参与'美丽厦门·健康生态新海沧''共同缔造'行动，实现公共事务的决策共谋、发展共建、建设共管、效果共评、成果共享，从而形成共同的家园情怀"。在海沧区的其他官方正式文件中，也将"共同缔造"作为推动社会治理体系和治理能力现代化的方法，强调要不断深化"12345"工作路径，持续发动群众共谋、共建、共管、共评、共享，打造"一核多元、互动共治"的治理模式，构建"纵向到底、横向到边、纵横交错、互动共治"的基层社会治理体系。

如前所述，从管理到治理的转变标志着社会建设走向纵深，而"共同缔造"之所以可以被视为一种政府治理创新，原因正在于它倡导政府与社会关系的调整与重构。从海沧区的"共同缔造"试点工作来看，它一方面呼应了中央、省、市各级政府的政治理念，另一方面充分发挥了基层的实践智慧，使"共同缔造"既作为一种指导基层进行社会建设的理念，又能够落实为一套可操作和执行的政策方法。如果说"共同缔造"是"社会建设"的核心，那么"五共原则"又成为"共同缔造"的灵魂，因为只有深入体制和机制层面才有可能对政策实践产生实质性的影响。

最后，"共同缔造"所要回应的政策问题。海沧区"共同缔造"的政策框架在很大程度上是由中央、省、市各级政府设定的，对于区级政府来说，这不仅需要将抽象的政策框架具体化和操作化，更重要的是把宏观的政策议题植入具体的社会语境，使其能够有效地回应地方层面的实际问题。海沧区的历史相对较短，成立于1993年，是全国设立最早、规划面积最大的台商投资区，2003年设立海沧行政区，2008年获批海峡西岸首个、全国第7个保税港区。海沧总人口43万人，截至2014年，综合实力跻身全国百强县、百强市辖区第15名，人均GDP、人均工业产值、人均财政收入、农民人均可支配收入4项指标均位居福建省第一，人均GDP超过台湾地区平均水平。作为一个经济发达的新区，海沧逐渐在经济层面遇到一些问题，比如经济发展的土地瓶颈、传统产业的转型升级。然而，更大的挑战还是来自社会层面。海沧区最初是单一的经济开发区，伴随快速的工业化和城镇化进程，政府自身的职能转变以及社会转型都为政府治理带来极大的挑战。其中最具挑战的来自人口总量与结构的变化，十几年间，海沧区的人口从不足10万增加到43万,其中外来人口与本地人口比例为12∶1,流动人口与户籍人口比例为10∶1。这不仅为政府管理带来困难,社会自身的融合与发展也存在诸多障碍,比如社会关系碎片化、居民对城市的认同感和归属感低、各种社会矛盾多发等。因此,与厦门其他老城区相比,海沧虽然在经济指标方面占据优势,社会建设方面却存在明显短板,不仅面临更多的问题和挑战,而且社会基础更加薄弱。

在这样的背景下,海沧区政府一方面在社会建设方面存在迫切的需求,另一方面也在推进社会建设方面面临诸多困境。而厦门市政府所推行的"共同缔造"实际上为海沧区破解地方发展难题提供了一种宝贵的理念与思想资源。因为社会形势日益复杂,通过传统的管理和控制思维,政府已经很难化解社会问题或者有效回应社会需求了。通过"共同缔造"引入社会力量、建构一种政府和社会共治的新格局,符合海沧区政府的需求。此外,海沧区还具备全面推动"共同缔造"的一项结构条件,即相对充裕的地方财政保障。相对于经济建设可以直接带来财政税收,社会建设往往被视为一项花钱的事业,因为它对地方政府的财政投入有一定的要求。当然,从长期来看,社会建设能够带来不可估量的社会效益,并且政府只算经济账本身也是一种误区。但是在社会事业投入方面,地方财政实力确实与政府投入意愿存在正相关关系,基础教育投入就是一个最好的例子[①]。事实上,伴随经济的快速发展,近些年海沧区政府一直在加大对各项社会事业的投入,

---

① 王蓉:《中国县级政府教育财政预算行为:一个案例研究》,《北京大学教育评论》,2004年第2期。

也将城乡一体化作为一项重要的政策目标。因此，对海沧区来说，通过"共同缔造"的方式来进行社会建设最重要的并不是加大财政投入，关键还是从机制、体制层面进行调整，通过改革达到改善治理的目标。

前文的讨论主要是在中央—地方关系的框架中展开的，焦点是中央层面的施政理念如何转换为地方层面的政策实践。相对于中央、省、市各级政府来说，区级政府实际上处于行政体系的末端，更多地扮演着政策执行者的角色。我们可以把"共同缔造"的案例看作自上而下推动的结果，因为无论是市级还是区级的政策文件，都在不断强调它与中央和省级政府指导思想与理念的一致性，将自身定义为贯彻和执行者的角色。通过对厦门市《规划》和海沧区《方案》的比较，我们也看到市或者区级政府表述的另一个面向——地方性，即政府话语在承接上级政府话语的同时，也是植入地方现实语境的。这就为我们理解"共同缔造"提供了另外一条线索，从自下而上的角度去发掘政府推动改革的动力。"共同缔造"本身也是社会问题倒逼的结果，也就是说社会需求的反馈在一定程度上促成了政策的调整。由此来看，区级政府实际上是自上而下和自下而上两股力量的结点，前者主要涉及政府间关系，后者则展示了国家—社会关系的一个面向。这就意味着，不能完全把区级政府视作一个被动的政策执行者，它本身也是具有很强主体性和能动性的决策主体。一项通过自下而上的方式强势推动的政策，如果无法回应基层的需求，那么所谓的政策执行很有可能沦为一种形式化的努力。而自下而上的反馈与诉求，如果有悖于上层的政治话语或者意识形态，也很难获得足够的政策空间与合法性授权。从这个角度看，"共同缔造"的有效性不仅取决于政策框架本身的合理性，而且在于上层理念跟地方问题之间的匹配性。

第三节 "共同缔造"中的国家—社会关系

厦门市海沧区的"共同缔造"实践，具有很强的治理意涵，因为它的核心在于推动国家与社会关系的调整与重塑。中央和省市层面的政策文件往往涉及施政理念层面的阐述，相对而言区级政府的能动性则更多地体现在如何在一个既定的政策框架内开展具体的实践。海沧区的"共同缔造"试点案例，使我们能够透视施政理念向政策实践转化的过程，尤其是通过对具体政策过程的观察来理解"社会建设"的实践意涵，或者说，在现实中国家—社会关系究竟经历了何种变化。我们将观察的焦点放在社区这一层级，因为社区是社会的基本单元，也是海沧区进行"共同缔造"探索的核心地带，正如官方表述的那样："共同缔造"的"核心是共同、基础在社区"。

一 基本背景

在社会学理论中，社区也被称作共同体。在滕尼斯看来，"共同体是一种持久的和真正的共同生活"，它是建立在有关人员的本能的中意或者习惯制约的适应或者思想有关的共同记忆之上的；而社会则被视为一种非自然的和机械的结构。而涂尔干与滕尼斯的观点正好相反，他认为现代社会能够依靠劳动分工建立起一种新的社会团结，这种团结不是来源于人的相似性，而是在分工和契约关系的基础上确立的，因而现代社会所形成的才是一种有机的团结。

很明显，从传统社会到现代社会转型的过程中，社会团结的纽带和机制也在不断发生变化。就城市和农村社区而言，后者更加接近滕尼斯所说的共同体，因为它的社会纽带主要是基于地缘和血缘关系；而城市社区的社会联结机制则更加多样和复杂。对海沧区来说，城市社区和农村社区都正在经历一场快速的转型。在1993年开发区成立至今的20多年时间里，海沧区的地区生产总值由不到10亿元，增长到424.46亿元，工业产值增加近60倍。伴随快速工业化、城镇化进程，社会结构也在发生着剧烈的改变。对农村社区而言，最直接的影响还是来自大规模的征地拆迁。大量的农民上楼或者进城，使农民面临市民化以及与城市融合的时代新命题。作为一座新城，海沧区的城市社区人口构成较为复杂，不仅面临本地人与外地人的融合议题，新近农转居的人口与老市民之间也需要磨合与相互适应。海沧区城乡社区的现状构成了"社会建设"的起点，其中既蕴含着各种社会性资源，又存在很多阻碍性因素。一个基本的判断是，农村社区面临的主要是传统社会关系的调整和重组，而很多城市社区的建设重点则是如何增加社区成员之间的交往频率，强调社会关系的生成与强化。

除了理解海沧社区层面的基本问题之外，更应关注的焦点则是各种宏观制度对城乡社区的当下以及未来的影响和形塑。根据民政部的定义，社区是指由聚居在一定地域范围内的人们所组成的社会生活共同体。这一定义强调了社区的社会性，并且官方也明确了村民委员会与居民委员会的自治性质：村民委员会是建立在农村的基层群众性自治组织，不是国家基层政权组织，不是一级政府，也不是乡镇政府的派出机构；社区居民委员会的根本性质是党领导下的社区居民实行自我管理、自我教育、自我服务、自我监督的群众性自治组织。但是，中国城乡社区的现实指明了其所具有的另一重属性：政治性或行政性。仅就城市社区的范围来看，它一般是指经过社区体制改革后做了规模调整的居民委员会辖区，社区边界的确定本身就带有很强的行政指令色彩。更为重要的则是居委会在实际运作过程中的行政化倾向，往往使其沦为上级政府的派出机构，承担各种行政性的任务，难以体现自治的特点。

从宏观的角度来看，"强政府、弱社会"的格局是我国社会建设的基本起点，放在海沧社区层面的社会建设也是一样。一方面，快速的工业化和城镇化进程推动社会的急速转型，其间传统的社会关系不断式微，而新的社会连接与纽带的形成又面临各种挑战；另一方面，国家在各项社会制度的改革上严重滞后于经济领域，传统计划体制下的城乡二元结构依然没有被打破，各种结构性壁垒的持续存在也妨碍了社会的发育、抑制了社会的活力。这就意味着"社会建设"需要从政府和政策的角度来破题，通过体制和机制的调整来促进社会的生长和发育。

二 "共同缔造"的治理框架

2014年，海沧区的《关于全面推进"美丽厦门 共同缔造"行动实施方案》（下文简称《实施方案》）提出，"共同缔造"的总体目标为"缔造一批党委领导、政府引领、社会自治、群众参与、统筹协调的完整社区、典范社区，将海沧打造成生产发展、生活富裕、生态良好的活力新城"。这份文件进一步确立了社区层面社会建设的核心和基础性地位，并对理想的社区治理形态做了完整的表述。在政府与社会关系方面，《实施方案》也明确提出要"真正实现社会管理向社会治理的转变"，"变单向管理为多元治理，形成各主体协调合作、多手段统筹运用、上下联动的互动共治格局"。这份文件引领和指导了海沧区各个层面的"共同缔造"实践的开展。

事实上,"共同缔造"并不能算是海沧区"社会建设"的真正开端。在整个厦门市乃至福建省,海沧区的各项人均经济指标一直位居前列,相应的政府可支配财力也比较充裕,以2015年为例,全区财政总收入154.4亿元,区本级财政收入27亿元,当年可用财力达到43.55亿元。海沧区政府也致力于通过加大政府投入的方式去推动各项社会事业的发展与民生改善,全区连续4年将财政收入的七成以上投向民生事业,就横向比较来看,该区在城乡居民收入、城乡公共服务一体化水平等方面也都居于全省前列。然而,在投入效果,尤其是社会评价和群众满意度方面,政府对社会领域的投入却并没有获得积极反馈。在我们的访谈中,海沧区的官员也提到了地方治理中的一种困境:"经济越来越发达,但是社会越来越冷漠;政府投入越来越多,但是群众越来越反感。"在政府传统的认识中,社会建设是一件花钱的事。其中隐含的一重预设是,很多地方社会建设搞不好是因为政府没有钱,因而政府愿意花钱,社会建设自然就能做好。在开展"共同缔造"之前,海沧区在社会建设方面的困境显然证伪上述说法。社会建设是一项系统工程,如果只是片面强调加大财政投入,以此拉动一些硬件指标的提升,并不能从真正意义上推动社会层面的发展。2014年,海沧区开始尝试以"共同缔造"的方法去推进社会建设,核心也是从方法和机制层面进行探索。

正如《实施方案》中反复强调的那样,"共同缔造"的"关键在于激发群众参与、凝聚群众共识、塑造群众精神,根本在让群众满意、让群众幸福"。换一个更加通俗的表述就是，变"为民做主"为"让民做主"，变"政府主唱"为"社会合唱"。那么，社区层面的社会建设首先需要解决的就是主体的问题，也就是要破解城乡社区的行政化倾向。在这方面，海沧区从镇街入手，重新梳理区—街—社区关系，核心在于理清各部门、各基层的"职能清单"，推动简政放权。社区改革的核心就是减负放权，通过落实"权随责走、费随事转"，强化社区的自治服务功能，对社区行政事项进行分类梳理，制定了《社区组织协助政府工作目录》和《社区组织依法履行职责事项》等任务清单。具体来说，就是把传统的行政职能从社区居委会分离出来，依托新成立的社区工作站来承担这部分职能，从而使居委会向自治机构回归。在这样一种框架设定下，居委会被定位为组织枢纽，职责被设定为"指导和培育社区社会组织的发展，协调网格自治理事会开展自治活动，社区发展协会以及其他社会组织，以服务居民为导向，按照'社会化＋市场化'的模式，为社区居民提供志愿服务和社会服务"。

除了在组织架构方面的梳理和调整之外，海沧区政府还致力于多种方式的社会组织培育。在传统模式下，政府往往是各种社会服务的唯一供给主体，但是政府主导模式存在供给与需求匹配、效率低下等问题。而在"共同缔造"实践中，政府充分认识到社会本身的能力，试图通过增加政府购买的方式实现双重目的，一方面改善各种社会服务的供给，另一方面通过资源的输入培育和扶持社会组织成长。2014年以来，海沧区连续出台了一系列文件对政府购买服务进行鼓励和规范，如《推进政府购买服务工作实施意见》《政府购买服务指导目录》等。2015年，海沧还出台了《海沧区关于加快培育发展社会组织的实施意见》，将社会组织的发育纳入全区社会发展总体布局，积极培育和扶持社会组织，鼓励其参与社区建设，不断拓展民生服务的领域和项目。并且该文件还承诺，2016年区政府每年安排不少于1000万用于服务购买，并提出至2018年底，平均每万人拥有10个以上社会组织，形成发展有序、覆盖广泛、布局合理的社会组织体系。

通过上述改革，新的社区治理结构逐渐成形，尤其是各个治理主体的角色和地位开始落实到明细。在传统的社区管理格局下，政府是唯一的管理主体，居委会成为政府的派出机构，居民则成为被管理的对象。"共同缔造"的改革实践对政府与社会的边界进行调整，并通过培育社会力量的方式逐步实现多元治理格局。相比传统模式，新型治理结构下，政府、居委会、普通居民、各种社会组织共同成为社区治理的主体。

三 作为一种机制创新的"以奖代补"

"共同缔造"的核心是"五共原则"，即共谋、共建、共管、共评、共享，强调政府与社会之间的合作共治。前文所讨论的社区治理架构使政府与社会之间的关系调整变为可能，但更值得注意的是，"共同缔造"并不是在一个由政府独立搭建的新框架里实现政府与社会共治，实际上是一个政府与社会共同探索和建立新制度和机制的过程。"以奖代补"就是一个政府与社会共同进行制度重构的典型案例。它最初发展于广东云浮，当地政府财政较为紧张，因此希望借"以奖代补"的机制调动百姓的积极性。而海沧区借鉴和推行"以奖代补"机制则是要回应另一种问题。在访谈中，海沧区财政局的官员指出，由于海沧财政相对充裕，百姓也形成了政府全部买单的习惯。比如新农村建设项目，政府出钱进行房前屋后的改造，在原有的模式下，从项目建设内容的确定、建设施工到最后的竣工验收等，都由政府包办。由此导致的问题是，很多时候百姓对政府的投入不买账，群众满意度不高，甚至对政府投入的设施不爱护，各种后期维护开支全要依赖政府。"以奖代补"作为一种财政激励方式，将原来政府对项目的直接补助变为奖励，核心是发动群众参与。在新模式下，一个项目确立之后，政府给一些启动资金，由村（居、场）、企业、社会组织等以出资、出力、让地的方式先行实施，待验收合格后再给予一定额度的奖励。

正如海沧区财政局官员所指出的那样，"以奖代补"是推动"共同缔造"的一种具体机制，而"共同缔造"绝不局限于共同出资方面。

"'共同缔造'是一个很泛的概念，不只是在出资金额上，也有的一个项目，村民出地政府出钱，这也属于'共同缔造'，比如说我村里要做一个村道，是供全村人用的，但是可能某一个角是这家村民的地，现在我们用'共同缔造'的模式做，让地，地还是他自己的，上边的整理、补贴都是政府做。还有比方说一些小公园，地还是村民的，只不过上面的花草是政府来种的，村里养护，镇里给补助，村民也高兴。之前都是自上而下地去做，比如说修一条路，推很久都做不下去，这家那家都说占了我们的地，不愿意做。现在用'共同缔造'的模式，做起来就很顺。"

事实上，"以奖代补"机制应该算作政府与社会共同建构的产物。最初，海沧区政府通过借鉴其他地区经验，形成了一个基本的政策框架，但究竟如何实施则在很大程度上是社会自主探索的结果。在"共同缔造"初期，海沧区选择了3个社区进行"以奖代补"试点，之后所形成的正式制度在很大程度上是试点经验的总结和提升。我们以最早试点之一的西山社"房前屋后"改造项目来进行说明。

案例：西山社"房前屋后"环境改造①

西山社是东孚镇寨后村的一个自然村，前有厦成高速，背靠天竺山，成为寨后村中被孤立的一个村小组，户籍人口106户（370人），流动人口60多人，大部分土地都已经被征完，又处在垃圾场旁边，村庄内有多处生猪小型养殖场，猪粪污水横流，整个村庄经常是臭气熏天，经济也比较落后，素有"臭西山"之称，因此本地姑娘都不爱嫁到西山社，过去年轻人"想娶个老婆都很难"。2013年，西山社被确立为"共同缔造"的试点村。西山社在广泛征求村民意见的基础上，因地制宜地提出"生态旅游度假村"规划愿景，发动群众从房前屋后做起，对村容村貌进行整改整治。

首先是"共谋"，建立对村庄未来发展的共识。2013年7月，召开村小组代表大会分析讨论本小组的发展规划，一致同意要争创生态旅游示范村，并向镇里申请纳入区级试点村，之后制定规划。发展思路确定之后，主动邀请区属国有企业城建集团帮助编制"美丽西山"规划，整合本村与周边的旅游资源。接着是宣传发

---

① 该案例根据《厦门市海沧区"美丽厦门 共同缔造"社会治理实践典型案例汇编》中的材料改写而成。

动、征求意见。村民小组向村民提出了"美丽西山人人参与，美好环境家家受益"的理念，广泛宣传，深入人心，激发村民对西山的认同感和责任感，营造共同参与的良好氛围。之后成立自治组织。8月初，镇里组织试点单位村干部赴云浮、深圳等地考察，于8月新成立了"三会"，由在机关、银行、学校等单位工作或退休的乡民组成乡贤理事会，由有威望的老人会成员组成道德评议会，由村里工青妇成员、村民代表等组成村小组议事会。充分利用"三会"成员对村情熟悉、在村民中威望高等优势，挨家挨户帮助宣传规划，做通群众思想工作，推动项目有序开展。

其次是"共建"，政府与社会共同实施项目。在项目启动阶段，村里"三会"组织大家到各个项目节点上实地察看，听取社情民意。在风水池塘改造项目现场，村民反映池塘十多年来淤泥堆积，同时村民陈益兴在池塘边养猪已有6年多，养着40多头猪，养猪的污水随意排放到池塘，臭气熏天，严重影响周边群众生活和健康，村"两委"和村民代表也多次上门做思想工作，但都协商未果。了解情况后，"三会"决定把这个群众呼声最高、反映最强烈的项目作为"第一枪"。8月27日中午，"三会"组织村民代表、乡贤、老人等40多人到猪舍旁边开现场"批斗会"，烈日当空，臭气熏天，村民你一言我一语，七嘴八舌，陈益兴本人作为村小组议事会成员在现场马上就脸红心虚，在大家的舆论压力下，他立马拍胸脯承诺主动拆除127.5平方米的猪舍，无偿让出来给村里建"古村水塘"，第二天就开始联系把未出栏的猪提前卖掉，自己动手拆除了猪舍，后来镇里面听说他的转变事迹，也给他1万元的奖励。看到多年解决不了的大难题被动真格解决了，村民感到这次村小组环境整治的决心和力度，纷纷加入，主动让出房屋及房前屋后的土地2058.41平方米、果树73棵、茅草屋1间（10平方米）、猪舍1间（127.5平方米）、旱厕1间（6平方米），加上出工出力累计折价达46万元。村"三会"联系社会企业福建实华油运捐赠5万元，村小组代表会议通过村集体经济投入30万元，镇里把西山改造列入首批"以奖代补"项目，最终项目筹集到250万元（其中村民自筹部分81万元，占32.4%）。

在建设工程中，村小组还在祠堂旁的纳凉点设置了征求意见栏，持续征求群众意见，适时对方案进行改进。例如，村民提出村里的电线杆有高有低，网线像蜘蛛网，严重影响村容村貌，希望电力部门帮忙规划改造；村里风水池塘改造后，希望能够引入山泉水，形成一个循环活水系统，等等。每个节点项目建成后，都制作群众评议表，请群众评议改造项目的成效，对仍然存在的问题及时整改，切实让群众满意。项目投入使用后，组织道德评议会，对使用过程中的不好习惯和不美丽现象进行现场评议，进一步促进村民素质提升。

最后，项目建成之后，则要落实"共管"。房前屋后整治了，更需要日常的维护。村民对于自己房前屋后整治后的环境十分关心，不仅在《寨后村房前屋后管理责任书》里做出承诺，自家的房前屋后实行"三包"（包卫生、包秩序、包绿化）；而且村缔造办、乡贤理事会、老人会自愿组织一支督导组，对村里的房前屋后各方面进行监督，并且开展美丽房前屋后的入户评比活动，对评比结果公示表彰奖励，且利用内部竞争的良性机制，促进各家各户做好房前屋后的管理，实现共同治理长效机制。组建党员义工服务队，对村里公共区域进行责任认领，主动利用空闲时间，开展保洁绿化，共同维护美好环境。

在西山社的案例中,"以奖代补"机制撬动了村庄社会的积极性,但是项目之所以能够落地实施,政府与村庄社会的合作是关键。在试点初期,镇街的政府官员参与了村庄层面的动员,并带领村干部和村民代表外出参观学习,还为村庄议事提供了一套基本的制度框架,推动了村庄自组织的成立。在村庄组织架构逐渐成形和完善的前提下,村庄自身的能动性与活力得以发挥。从项目内容的确定到开工实施以及建成后的维护方案等诸多方面的决议,基本上都是由村庄社会自己协商达成的共识,而村庄自主形成的方案又得到政府的确认,从而进一步强化了村庄实践的制度合法性。

四　政策效果:"共同缔造"的前后对比

海沧区的"共同缔造"实践在社会治理的诸多方面取得了实效,比如提升了政府项目的实施效率和群众对政府的满意度,促进了社会组织的发育和成长等。具体结合西山社"房前屋后"环境改造的案例来说,最直接的改变是村容村貌的改善。它的影响则要远远超越项目建设本身,因为"共同缔造"为村庄社区的发展创造了新的生长点。在开展"共同缔造"之前,西山社面临诸多发展困境,地理位置相对偏远,在城市发展中日益被边缘化。村庄虽然有很好的自然和生态环境资源,村民也有很强的发展意愿,村庄在旅游方面的发展潜力却很难被转化为现实。在后集体时代,西山社与中国的大多数农村社区一样,在村庄公共物品提供以及发展问题上面临集体行动的困境。这种困境当然不只是钱的问题,长期困扰西山社的"猪舍"就是一个典型的例证,它说明村庄社会内部的沟通与利益协调机制也需要进行调整和更新。"共同缔造"在西山社的成功不只彰显了社会自身的能动性，也反映了政府在推动社会成长方面有扮演重要角色的可能性。

西山的"共同缔造"实践依托的是自上而下与自下而上两套机制的互动与协作。首先，从自上而下的角度看，政府将西山社选为"共同缔造"的试点，这在客观上为西山社村庄内部的团结提供了一种外部激励。并且，政府在整个项目过程中一直在为村庄社会输入各种资源。比如初始阶段帮助设置基本的组织架构，促进村庄自组织的发育；中期用"以奖代补"机制调动村庄积极性、撬动社会资源；后期则通过项目评价考核的方式对结果进行监督；还包括全过程中对村庄自发的一些创新做法的确认，对单个村庄的经验进行总结和提升，促进不同村庄之间的交流与学习。其次，从自下而上的角度看，相比以前政府包办的模式，让村庄成为项目主体的好处在于可以更好地回应需求，使新农村项目真正成为村民需要也愿意参与建设的项目；通过"以奖代补"建立了村庄与政府之间的利益捆绑机制，一方面能使村庄社会更好地监督和控制项目进程，另一方面村庄直接参与建设也使村庄社会更有动力参与项目的维护和后期管理；此外，一些有关村庄公共物品提供的项目，涉及村民之间的利益协调，单靠政府难以解决，如果片面强调经济补偿又容易引发新的问题，村庄内部的协商才是最有效的方式，也能够最大化地运用地方性的资源。

应该说，"共同缔造"的核心还是在于政府与社会关系的重塑，这也是它最基本的出发点。正如东孚缔造办官员反复强调的那样，"推动'共同缔造'，我们一定要改变这种大包大揽的状况，就是我们一定要去做，我们是要发动村民，发动居民主动来做这些事情"。在访谈中，海沧区的官员也普遍认为，相比于局部的政策改善效果，政府与社会关系的改善才是"共同缔造"带来的最大改变。海沧的一位基层官员对比做出了生动的论述如下。

"'共同缔造'最大的好处就是，我们把老百姓，或者我们叫作群众也好，把他们的积极性调动起来，因为我们的资金返还到以前的工作模式，以前我们说没钱，叫作补助，到后面经济发展了，大家都自己出了，要多少给多少，很多人都说习惯了，什么事都是政府，必须政府来投，到后来我们又返回来以这种以奖代补方式，把大家的积极性调动出来，所以才提出这种以奖代补、'共同缔造'，应该说我是这样理解以奖代补，应该说也是为了解决老百姓这种注重眼前利益，也是说要完成百姓跟政府惠利的这种关系，所以很多时候政府花钱，做了半天做到半死，但是群众不理解，说得难听点我们目前也把走群众路线这块工作丢掉了，想怎么做就怎么做，可能也不用征求百姓意见，后来觉得这么两年以来做"公同缔造"，真正说做到把百姓跟政府这种关系牵个线搭起来，没事跟他们介绍说，通过'共同缔造'，政府要改变，百姓要改变，政府改变什么呢？政府要改变我们的办事方法，我们的处事工作方法，怎么把这个工作方式方法改变掉，以前想怎么做怎么做，不用征求百姓意见，现在我们的话就说，我们真的要下到基层来，百姓觉得可以做，或者应该怎么做，我们才去做，那这样子通过这种方式的话，要拉近政府跟百姓的这种距离，我经常这么讲。那百姓的话他们也在转变，改变前一阶段这种冷漠的态度，他说我这什么事情先讲钱再说，要拆点小东西，或者弄点他家的东西，他话给你先说赔多少，从钱出发，从经济出发，那经常这样做下来以后,老百姓会说'拆东西赔东西,这还是我的东西,能说清楚就行',就是慢慢这样一种转变,所以应该说通过'共同缔造',最大的好处、最大的成效就是政府转变工作方式,我们改变了自己,那老百姓也改变了他们,那最终的话取得社会和谐共处的一个局面,应该说我觉得应该是最大效果的转变,其他的什么钱不钱的,节约多少经费的东西,我觉得这些东西倒不是最重要的东西。"

第四节 社会建设中的政府角色

在国家的宏观发展战略层面,社会建设的重要性日益提升,它不仅指向与经济、政治和文化等领域并列社会层面的建设,而且是实现和谐社会与建成全面小康社会目标的重要战略。无论是中央层面的"社会建设"施政理念,还是落实到地方层面的"共同缔造"政策范式,其核心意涵都在于推动国家与社会关系的重构,以此获得社会转型与发展的新动力。如前所述,"强政府、弱社会"是我国社会建设的基本起点,这就意味着国家与社会关系的调整具有两层意涵,一层是放权的维度,即政府从某些领域退出,给予社会更多自治空间;另一层则是对政府在促进社会发育方面的要求,它应该扮演一个更加积极的、建设性的角色。

十八届三中全会以来,中央层面开始倡导和推进治理转型,也就是从传统的社会管理转向社会治理。中央逐步调整了政府自身的角色与定位,从"政府负责"变为"政府主导",有关社会层面的表述则是"社会协同"与"公众参与"。这一表述是与当前的发展阶段以及社会建设的任务相契合的，即强化和夯实社会基础，鼓励和支持社会发育。从治理理论看，社会建设或者治理转型的最终目标则是要推动一种多元共治的新格局，在这种格局下，政府、社会、市场等主体之间应该是一种平等的伙伴关系，而非"治理主体"与"被治理对象"之间的关系。海沧区的"共同缔造"试图在政策实践中推动政府与社会的协商共治，可以被视为中央改革精神和施政理念的落实，同时在这种由地方政府发动的改革实践中，也融入了很多地方化的创新元素。本章主要讨论了"共同缔造"在社区层面的开展，而实际上它的内涵与领域并不局限于此，而是涉及政府与社会关系的方方面面。这一部分，我们主要结合海沧区的"共同缔造"实践，从三个方面讨论政府与社会关系的调整，关注的核心问题仍然是政府在社会建设中的地位与角色问题。

首先，政府自身的定位与职能转型，涉及简政放权的问题。作为海沧区"共同缔造"纲领性文件的《方案》，强调了群众参与，指出要"通过提供资源、搭建平台，建立有效的引导和激励机制，让广大群众主动参与'美丽厦门·健康生态新海沧'共同缔造行动"。这种表述背后隐含了政府对于自身角色认识的转变，即不再把自己视为公共政策中的唯一决策主体，而是开始更多地强调社会层面的参与，并且试图从体制和机制层面为扩大社会参与创造条件。随着政府—社会关系认知框架的改变，海沧区政府主要从两个方面进行简政放权的改革。第一，关于区级政府本身，其改革的重点是在行政权力的调整。海沧区通过权力梳理，以整合、取消、下放、转移和保留等方式，将区级原本的3100多项行政权力减少为1528项。在访谈中，海沧区组织部的官员介绍了具体的做法，"把一些行政权力转成公共服务事项，原来的比如备案，有些属于审批，有些属于权力的，有些属于服务的，我们就转成公共服务事项。最后的话，取消的行政权力是3项。以前权力清单很多权力是分散的，通过整合以后，把几个整合成一个大项，这样大概能简掉50%吧"。第二，政府层级体系内部的权力和关系调整，海沧区把改革的重点放在了镇街层面。2014年，海沧区新阳街道开始了社会治理创新改革，以"强化社会治理职能，弱化经济职能"的原则推动机构调整，并通过"人随事走""费随事转"等机制处理区、街道和村（居）的"权、责、利"关系。职能定位调整使街道能够成为"共同缔造"的中坚力量，它作为最基层的政府对于社会需求有更强的敏感性，并且通过赋予街道更多自主性也为改革增加了更多自下而上的动力。

其次，则是政社互动的范畴，涉及政府—社会联系方式以及彼此边界的协商过程。现代政府承担着社会事务，普通公民日常生活的方方面面都无法回避与政府之间的联系。所谓的向服务型政府转型，政府除了要提供服务本身之外，也要致力于服务过程的改善。由于社会管理事务的复杂性，它往往涉及多个部门，海沧区通过政务综合体，全面整合了行政机关、党群部门、事业单位等各类资源，实行"一个窗口受理、一站式审批、一条龙服务、一个窗口收费"的运行模式。此外，政务综合体还通过3个镇（街）便民服务中心，与全区37个村（居）便民服务代办点实时动态连接，同时梳理85项事权下放到镇街和村居，极大地简化了百姓的办事流程，提高了政府服务的效率。此外，政务综合体还设立了协商中心，搭建了重大决策公众参与，专家论证、听证、民主协商，新闻发布和政情通报的平台，强化了公共决策过程中的多元参与。改革还深入社区层面，强化社区服务功能，剥离村（居）的行政职能。

在这方面，海沧区在组织结构上做了调整，设立社区工作站，由它承担街道所有面向群众的行政事项，使社区居委会回归自治。并且对镇街、社区工作站和社区居委会各自的职能与承担的事项进行梳理。以新阳街道的改革为例，分别梳理出了新阳街道职责事项梳理情况汇总表、社区工作站行政事项清单、社区居委会自治事项清单、社区居委会协助服务事项清单。由此逐步推进了社区层面的政社分离，明确了不同主体的职责与任务。

再次，在社会自治上政府的角色问题。在传统的计划经济体制下，国家对经济社会的方方面面都进行了严格的管控，社会缺乏自主空间。因而，从治理的角度推动社会建设的核心就是放权，这也意味着国家要从社会自治领域内退出，比如让村（居）委会回归自治性的角色与地位。但是，需要强调的是，"退出"强调的是国家不应该过度干预社会，并不意味着国家不能在推动社会自治方面扮演积极的角色。以海沧为例，作为一个经历快速城镇化的新区，城市和农村社区都面临各自的问题与挑战。政府以前在征地拆迁中，仅仅以经济成本为主要考量因素，不注重维护村庄共同体的社会关系，甚至为了防止村民抱团而刻意在回迁安置时将村庄进行拆分。这就使很多回迁社区的居民之间缺乏足够的社会联系，彼此处于孤立甚至敌对的状态。而城市社区的构成则更为复杂，涉及不同阶层之间、本地人与外地人之间、老城市居民与新近农转居居民之间的融合。这种局面意味着，在社会自主性领域，国家的退出并不会自动带来社会自治的实现。因此，在社会自治问题上，政府需要在尊重社会的基础上，创造条件、保障资源，鼓励各类社会主体的发育和成长。海沧区进行了多方面的尝试。一是挖掘社区本身的资源，推动社区自组织发展，比如楼栋微自治，选举产生楼栋自治小组，由楼栋长、居民代表、老党员、老干部、志愿者、积极分子等共同组成；组织、发动居民参加"我爱我楼"主题活动，通过制定自治管理方案、订立楼栋公约，实现楼栋公共事务自管等；在农村社区则鼓励成立"三会"，即乡贤理事会、道德评议会和村小组议事会，为村庄治理引入多元的社会参与力量。二是培育和发展社会组织，提高居民之间的互动频率、改善社会关系、强化社区认同，政府通过强化制度法规的建设，对社区社会组织进行分类管理，分为自强型、自助型、基础型三类；此外，还通过政府购买服务等方式支持社会组织成长，并且逐步放宽社会组织登记管理制度，为社会组织发展创造空间。

最后，我们要再次强调，社会建设涉及的是一场纵深的、综合性的改革。一种表面性的理解是，只要由政府划定一个社会性的领域，并加大财政投入就是社会建设。这是一种极大的认识误区，社会建设绝不局限于民生领域或者社会事业的范畴，它的实质是要推动政府与社会关系的重塑，最终实现一种多元共治的格局，这也是十八届三中全会关于推进治理转型的根本含义。的确，社会建设需要政府的财政投入，但是这种投入是以政府—社会的边界调整和关系重塑为基础的，并且要想推动真正意义上的社会建设仅有财政保证也是远远不够的，更重要的是深入体制和机制层面进行改革。海沧区的"共同缔造"作为推动地方社会建设的一种新政策范式，在探索政府—社会关系重塑方面做出诸多有益尝试，也为其他地方的改革提供了启示。"共同"二字道出了社会建设的实质，国家与社会之间是一种你中有我、我中有你的关系，而不应该理解为一种非此即彼的争夺地盘式的关系。因而在强调社会的发育和成长时，并不意味着对国家的驱赶，关键还在于如何建构一种平等的伙伴关系。

第二章　厦门海沧区"共同缔造"的政策实践

21世纪以来，伴随"和谐社会"的提出，政府开始在民生领域扮演越来越重要的角色，社会建设的地位逐渐提升，与此同时，对社会政策的理解也在逐渐深化。

我国福利研究基本可以沿着两条路径进行。第一，在传统的主流领域强调普惠、公正以及对基本权利的维护。传统的对社会福利的讨论聚焦于被动的保障，强调国家责任，关注社会公平和需要满足这些传统的社会政策议题。比如景天魁的"底线公平"、彭华民对于普惠型社会福利的解读和"需求为本"的社会福利等。而"适度普惠型福利"也是在之前"补缺型"福利的背景下提出的。这些属于"国家保障"范畴之内的社会保障制度在过去10年间已有很大发展，覆盖全民的社会保障制度框架已经初步建立。

第二，面对新的社会风险和社会需求，主张采取更加多元和积极的战略。综合钱宁和周立舟的"发展型社会福利"、景天魁的"大福利"构想、林卡的"福利社会"、关信平的"新福利国家"等观点，可以发现虽然这些分析的切入视角和分析逻辑不尽相同，但是已经在几个方面达成共识：一是福利不只是从属于经济政策的被动保障，还应该具备积极的防范风险的功能，同时也是积极的社会投资；二是福利不应只是国家责任，而应该是家庭、社会组织、市民、社会多方参与的，尤其应该强调福利对象的权利和主体性、能动性；三是尽管强调积极和多元，但是其前提是"政府主导"，即政府从过去被动保障者的角色变为支持者和监督者。

上述两条研究路径的同时存在，实际上反映出我国迅速变迁的经济社会状况——我国过去经历的是福利国家近200年的历程，在我国"社会保障"体系尚未健全的情况下，与西方国家目前类似的后工业化社会需求亦凸显。因此目前的福利需求既有完善社会保障制度、提高社会保障水平的工业社会需求，又有增加服务供给、提高服务效率等后工业社会需求，因此我国的福利体系建设需要在这两方面同时努力。

不仅仅是社会政策研究领域，在社会政策实践领域，社会各界也日益认识到，一方面，政府在社会福利中的责任、"增加政府投入"都是必不可少的基本条件；另一方面，要想使社会保障和社会服务更好地满足社会成员的需求，则需要政府以外更多角色的参与。尤其是结合十八大以来强调的"大力发展社会组织"和"创新社会治理"的发展方向，"多元积极"的社会政策理念被越来越多的人认可，而厦门海沧区的"共同缔造"正是与此相关的一项政策实践。

第一节　海沧区的经济社会状况与社会政策需求

海沧区全境位于海沧半岛，脱离厦门主岛，尽管现在是厦门六区之一，但在20世纪90年代以前主要是农村、农场以及林场，农村居民占绝大多数，经济也以农林经济为主。90年代初，海沧被开辟为台商投资区，从此开始了迅速的城镇化和工业化进程，无论人口总量，还是城镇人口和外来人口的比例都大大提高；而且经济结构也转变为以工业为主。目前，海沧区是厦门工业总产值最大的一个区，以电子、机械、生物制药为主导产业，又以台资企业为主。上述这些特点以及迅速的变迁过程，共同形塑着海沧社会政策的方方面面。

课题组在2015年10月对海沧进行了问卷调查，本节将利用海沧的统计数据和问卷调查的数据，结合海沧的经济社会状况，对海沧区目前的社会政策需求进行分析。

一 海沧区的经济社会状况及对社会政策的潜在影响

任何的社会政策都是嵌在一定的经济社会环境中的，其中经济发展情况和人口状况是最重要的两个因素。前者一方面决定了社会的社会风险，并进而影响到社会政策需求；另一方面决定了将有多少资源用于社会政策的供给。而后者则是社会政策需求的最主要决定因素。

1. 海沧区经济发展情况

如本节开篇所言，海沧区是由一个以农林经济为主的偏远乡村迅速发展起来的经济开发区，其产业结构充分说明了这一点。海沧区的第一产业占比非常低，一直在5%以下；第二产业一直是经济支柱，尽管近几年来第三产业占比上升，但整体结构仍是以第二产业为主（见图2-1）。因此从产业结构看，与长三角和珠三角的城市类似，海沧是一个成熟的工业社会。

海沧区经济相对发达。2014年经济发展跻身全国百强区第15名，投资潜力百强区第18名。从2014年城乡居民人均可支配收入

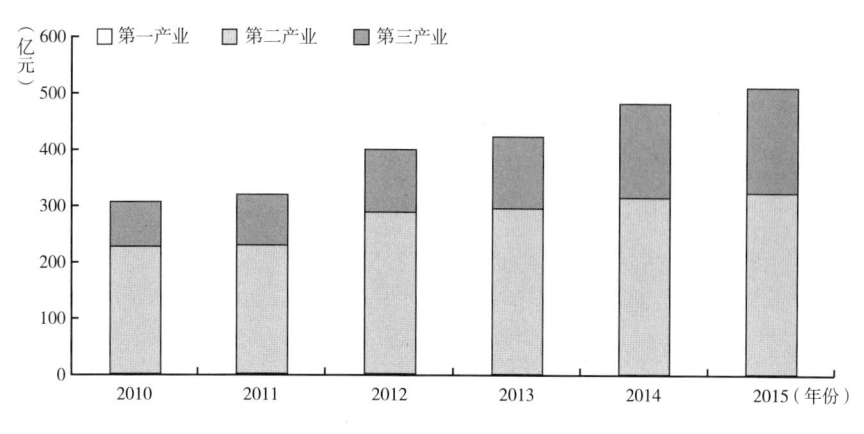

图 2-1 海沧区历年产业结构

注：第一产业数值较小，图中表现不明显。
资料来源：《历年海沧区主要经济指标》；海沧区政府官网，http://www.haicang.gov.cn/xx/zdxxgk/jbxxgk/tjxx/ndsj/。

情况看，海沧区的指标要远远高于全国和福建省的水平；另外，从城乡收入差距看，海沧区的差距相对较小，跟其所在的厦门市相比尤其明显（见表2-1）。实际上，海沧区的农村居民人均可支配收入全省"九连冠"，2014年增长10.1%，与城市居民人均可支配收入的增长率持平。也就是说，海沧区既是经济发展水平较高的地区，同时也是城乡发展相对均衡的社会。

表2-1 2014年海沧区城乡居民收入

单位：元

项目	海沧	厦门	福建	全国
城市居民人均可支配收入	35801	39625	30722	28844
农村居民人均可支配收入	20525	16220	12650	10489

资料来源：2015年全国、福建省、厦门市、海沧区统计年鉴。

再看财政状况，2014年海沧区级财政支出35.60亿元，其中投入民生的财政支出为26.61亿元，占全部财政支出的

74.73%。其中，被征地农民和海域退养渔民的养老保险参保补助，海沧区在全厦门市是最高的。然而，在用于民生的财政支出中有将近一半是"建设资金"，即被拆迁居民的住房安置资金（见图2-2）。用于民生的公共支出很大程度上反映了其快速城镇化的特点。

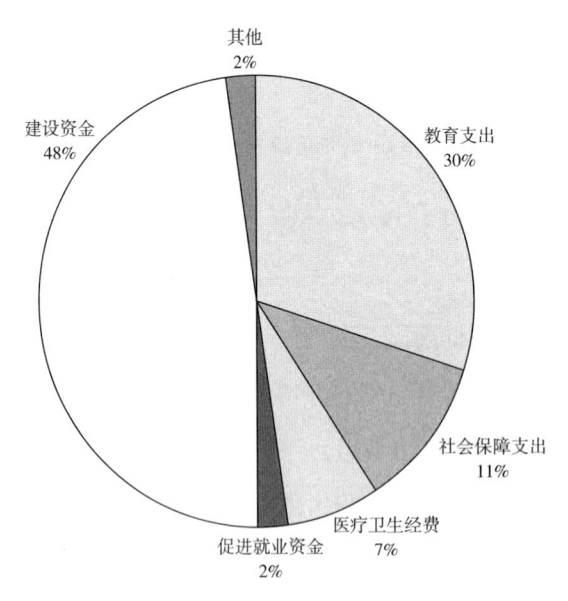

图2-2 2014年海沧区用于民生的财政支出构成

资料来源：《厦门市海沧区统计年鉴》（2015）。

2. 海沧区的人口结构

根据海沧区统计局的数据，2013年末全区总人口41.12万人，其中常住人口14.69万人，流动人口26.43万人，城镇化率44.16%；总人口中，男性22.52万人（占54.76%），女性18.60万人（占45.24%）。

在人口的年龄结构方面，据《厦门市2015年1%人口抽样调查主要数据公报》公布的数据，2015年在全市常住人口中，65岁及以上的老年人口23.2万人，占6.0%。国际上普遍将65岁以上人口超过7%的社会定义为老龄化社会，也就是说，厦门全市尚未进入老龄化社会。就海沧区而言，我们未掌握反映海沧区常住人口老龄化程度的具体数据，但是从了解的情况看，其老龄化程度不比厦门市的整体水平高；而单看户籍人口的话，2014年60岁以上的户籍人口是1.7万，占全部户籍人口的11%，按照60%以上人口占比在10%以上的国际标准，已经达到老龄化社会。也就是说，海沧区户籍人口的老龄化程度略高于常住人口，但是仍低于全国平均水平。

整体看人口的户籍和年龄结构，可以发现海沧区是一个"年轻的移民城市"，暂住人口的数量甚至超过本地居民，这大大降低了海沧区的老龄化水平。人口结构是决定社会福利需求的主要因素之一，海沧区的这种相对特殊的人口结构，也对社会福利体系产生了相对特殊的需求。

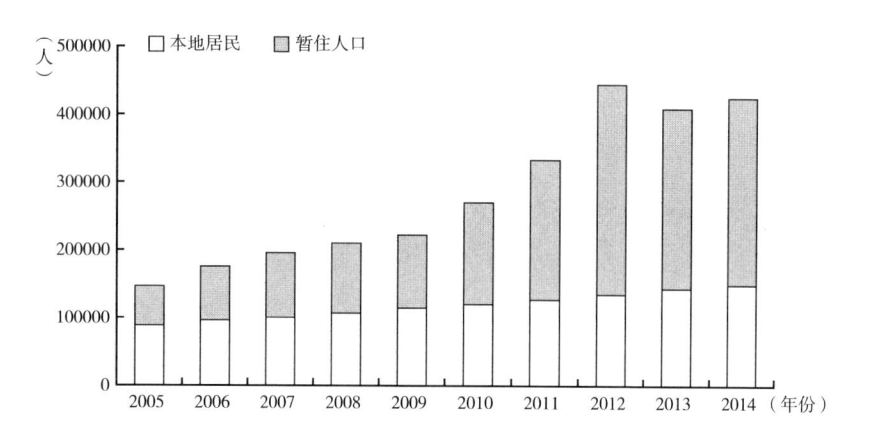

图2-3 海沧区历年人口户籍结构

资料来源：《厦门市海沧区统计年鉴》(2015)。

二 问卷调查对象的基本情况

2015年9月，课题组在海沧区进行了一轮入户问卷调查，收回有效问卷1028份。在调查对象中，有男性513人、女性515人，各占样本总体的50%左右；非农业户口104人（10.1%）、农业户口597人（58.2%）、居民户口326人（31.7%）；本地户籍607人（59%）、外地户籍422人（41%）。

在社会福利方面，本次问卷调查涉及被访者及其家庭的教育、医疗、养老三个方面的社会服务情况，调查的目的在于了解被访者的社会服务需求和满足情况，以及分析不同群体之间福利资源分配的公平性。以下将分被访者的整体感受，医疗、养老需求的满足与公平情况以及教育需求的满足与公平情况三部分分别进行论述。

1. 被访者的整体感受

从被访者的整体感受情况看，被访者对生活的满意程度较好，选择满意和非常满意的占被访者的一半以上（见表2-2）。

表2-2 被访者对生活的满意情况

满意程度	频率	比例(%)
非常不满意	13	1.3
不满意	83	8.1
一般	366	35.7
满意	489	47.7
非常满意	74	7.2
总计	1025	100.0

再将其按照满意程度从1到5赋值，比较城乡、户籍的差异。非农业户口被访者平均值略高于居民户口和农业户口，但是三者的

差异并不大。但是，农业户口的被访者的标准差远大于非农业户口和居民户口的被访者，这说明农业户口被访者的态度分化比较大，而非农业户口和居民户口被访者的差异则不大（见表2-3）。

表2-3 分城乡户籍对生活的满意情况

户口类型	平均值	个案数	标准差
非农业户口	3.6538	104	0.76029
农业户口	3.5268	596	1.84554
居民户口	3.5754	325	0.78056
总　计	3.5546	1025	1.49322

再看分本外地户籍的情况，本地户籍和外地户籍被访者对生活的满意度也没有太大差别，然而外地户籍的标准差高达2.1（见表2-4），说明外地户籍被访者的态度是高度分化的。结合图2-4，可以对这种分化有一些理解。在外地户籍被访者中，市场租赁和雇主提供的住房比例达70%，然而自建住房和商品房的比例达28%（见图2-4），也就是说在外来人口中，并不都是流动打工者，这些自己拥有住房的外来人口显然是有在本地稳定生活的想法。而从住房数据来看，这类人口应该能占到海沧区全部外地户籍人口的1/3以上。

表2-4 分户籍地被访者对生活的满意情况

户口所在地	平均值	个案数	标准差
本地户籍	3.6172	606	0.77905
外地户籍	3.4643	420	2.13643
总　计	3.5546	1026	1.49322

在最困扰被访者的问题中，对被访者产生普遍影响的问题依次是物价上涨问题、看病贵和看病难问题、食品安全问题、住房价格过高问题，以及收入差距过大问题（见表2-5）。这些问题更多地

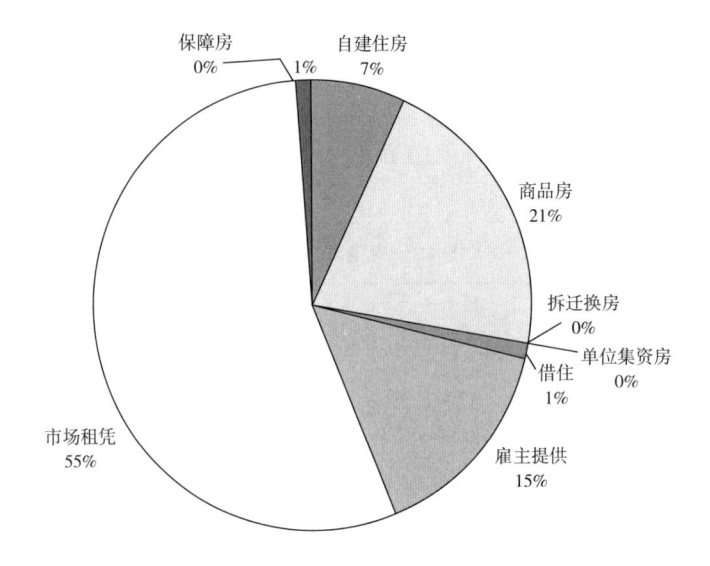

图 2-4 外地户籍被访者的住房来源

跟经济发展和社会治理问题相关，而社会福利问题较少。除了医疗问题外，就业失业、养老保障、教育等问题都不是困扰被访者的主要因素（见表 2-5）。

表 2-5 被访者最烦恼的事

项目	第一选择	第二选择	第三选择	总计	比例(%)
就业失业问题	99	35	51	185	18.00
看病难、看病贵	181	129	87	397	38.62
养老保障问题	39	52	52	143	13.91
教育问题	14	32	29	75	7.30
收入差距过大	125	103	78	306	29.77
物价上涨问题	160	185	125	470	45.72
住房价格过高问题	125	116	113	354	34.44
社会治安问题	31	33	40	104	10.12
贪污腐败问题	49	48	67	164	15.95
环境污染问题	40	74	86	200	19.46
食品安全问题	122	129	130	381	37.06
社会信任度下降	17	40	67	124	12.06
其他	8	6	2	16	1.56

接下来将分医疗与养老、教育两方面，分别介绍被访者社会福利需求的满足与公平情况。

2. 医疗与养老需求的满足与公平情况

海沧区的被访者有接近1/5不存在健康服务方面的问题，而剩下的被访者中，最需要的医疗服务依次为：健康体检（35.4%）、慢性病治疗（16.4%）、健康教育（9.3%）、大病治疗（7.2%）、小病治疗（6.3%）等（见图2-5）。这反映了医疗保障程度的提高；由于老龄化和疾病谱的变化，人们的健康需求也在发生变化，从疾病治疗向健康管理发展；表明与海沧区的经济社会发展水平和老龄化程度相对应的，人们的健康意识正在提高。这种健康需求结构已经更加接近发达国家，而非发展中国家。

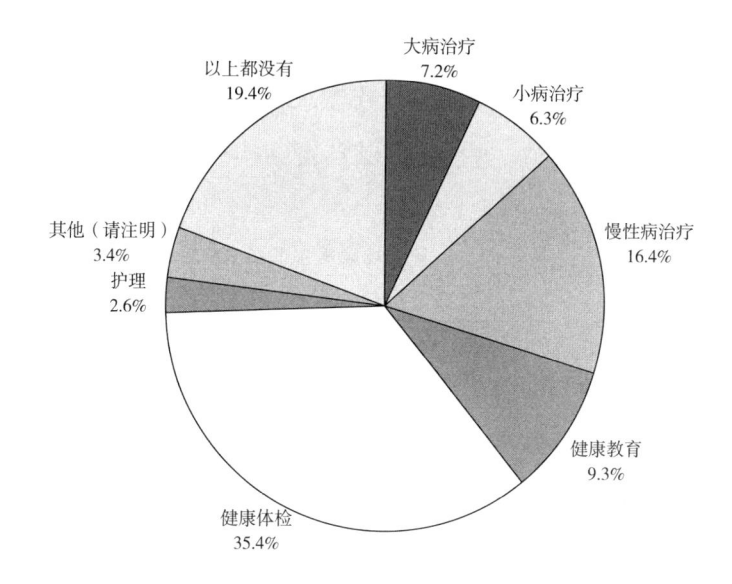

图2-5 被访者最需要的健康服务

从健康服务需求满足的公平性上来看，非农业户口、农业户口、居民户口之间没有显著差异（见表2-6）。

表 2-6 分城乡户籍最需要的健康服务

单位：人，%

项目		大病治疗	小病治疗	慢性病治疗	健康教育	健康体检	护理	其他	以上都没有	总计
非农业户口	计数	10	5	15	4	38	3	2	25	102
	比例	9.8	4.9	14.7	3.9	37.3	2.9	2.0	24.5	100
农业户口	计数	44	39	92	58	216	14	22	111	596
	比例	7.4	6.5	15.4	9.7	36.2	2.3	3.7	18.6	100
居民户口	计数	19	19	59	32	105	9	11	61	315
	比例	6.0	6.0	18.7	10.2	33.3	2.9	3.5	19.4	100
总计	计数	73	64	166	94	359	26	35	197	1014
	比例	7.2	6.3	16.4	9.3	35.4	2.6	3.5	19.4	100

再从户籍地的情况看，可能由于流动人口的年龄偏低，身体健康状况较好，因此其对健康服务的需求程度明显低于户籍人口；无论是户籍地还是非户籍地人口，都将健康体检放在服务需求的首位；户籍人口有较强的慢性病治疗需求，而非户籍地人口的这一需求较低（见表 2-7），这也是跟其年龄结构有关。

表 2-7 分户籍地最需要的健康服务

单位：人，%

项目		大病治疗	小病治疗	慢性病治疗	健康教育	健康体检	护理	其他	以上都没有	总计
本地户籍	计数	41	35	125	60	195	14	20	105	595
	比例	6.9	5.9	21.0	10.1	32.8	2.4	3.4	17.6	100
外地户籍	计数	32	29	41	34	164	12	15	92	419
	比例	7.6	6.9	9.8	8.1	39.1	2.9	3.6	22.0	100
总计	计数	73	64	166	94	359	26	35	197	1014
	比例	7.2	6.3	16.4	9.3	35.4	2.6	3.5	19.4	100

此外，老年人失能和护理方面，我们调查的被访者中，家里有需要护理老人的有 112 人，占所有被访者的 11%，其中又有

81.8%是由家庭成员护理的。

3. 教育需求的满足与公平性情况

在小学教育方面,在所有有子女就读小学的被访者中,有41.4%是没有任何相关烦恼的,这一比例远高于上文分析的没有健康服务需求的比例(19.4%)。而在最烦恼的事中,占第一位的是"家长没有能力辅导孩子的功课"(22.1%)(见表2-8)。也就是说,整体来看,海沧区小学的教育情况比较好,无论是在教学质量还是教育公平性上都没有太大问题。

表2-8 子女教育最烦恼的事(小学)

单位:人,%

项目	频率	比例(%)
学费太贵	5	2
学校乱收费	2	0.8
学校太远,接送不方便	25	10.2
本地教育水平低,升学困难	24	9.8
择校困难	17	7
家长没有能力辅导孩子的功课	54	22.1
孩子放学后无人管理	8	3.3
其他(请注明)	8	3.3
没烦恼	101	41.4
总计	244	100

分城乡户籍看被访者的态度,居民户口的被访者对教育的满意度是最高的,超过一半的被访者认为没有任何烦恼;农业户口的被访者在"家长没有能力辅导孩子的功课"上的比例最高(见表2-9),表明其受教育程度低于另外两类户籍的被访者;而非农业户口中认为"择校困难"的被访者也明显多于农业户口和居民户口(见表2-9),这可能说明非农业户口的被访者更加注重教育,或者主城区的教育资源分配不均衡。

表 2-9　分城乡户籍的教育最烦恼的事（小学）

单位：人，%

项目	非农业户口 计数	非农业户口 比例	农业户口 计数	农业户口 比例	居民户口 计数	居民户口 比例	总计 计数	总计 比例
学费太贵	0	0.0	4	2.6	1	1.7	5	2.0
学校乱收费	1	3.4	0	0.0	1	1.7	2	0.8
学校太远	3	10.3	17	11.0	5	8.3	25	10.2
本地教育水平低	1	3.4	19	12.3	4	6.7	24	9.8
择校困难	4	13.8	12	7.7	1	1.7	17	7.0
家长没有能力辅导孩子的功课	5	17.2	38	24.5	11	18.3	54	22.1
孩子放学后无人管理	2	6.9	4	2.6	2	3.3	8	3.3
其他（请注明）	3	10.3	3	1.9	2	3.3	8	3.3
没烦恼	10	34.5	58	37.4	33	55.0	101	41.4
总计	29	100	155	100	60	100	244	100

在不同户籍地的被访者中，本地户籍有97.3%在公立小学就读，而外地户籍有23.2%在私立小学就读（见表2-10）。也就是说尽管公立教育系统吸纳了大部分外地户籍的小学生，但是与本地户籍相比仍存在不公平性。

表 2-10　分户籍地的子女就读小学

单位：人，%

项目		村公办小学	乡镇公办小学	城区公办小学	村私立小学	乡镇私立小学	城区私立小学	其他	总计
本地户籍	计数	58	21	63	2	0	1	1	146
	比例	39.7	14.4	43.2	1.4	0.0	0.7	0.7	100
外地户籍	计数	22	17	37	13	3	7	0	99
	比例	22.2	17.2	37.4	13.1	3.0	7.1	0.0	100
总计	计数	80	38	100	15	3	8	1	245
	比例	32.7	15.5	40.8	6.1	1.2	3.3	0.4	100

然而在分户籍地看教育问题的时候，外地户籍被访者"没烦恼"的比例要略低于本地户籍，"学校太远，接送不方便"和"择

校困难"的比例也要略高于本地户籍（见表 2-11），但是两者的差距并不大。

表 2-11 分户籍地的教育最烦恼的事（小学）

单位：人，%

项目	本地户籍 计数	本地户籍 比例	外地户籍 计数	外地户籍 比例	总计 计数	总计 比例
学费太贵	1	0.70	4	4.00	5	2.00
学校乱收费	2	1.40	0	0.00	2	0.80
学校太远，接送不方便	11	7.60	14	14.10	25	10.20
本地教育水平低,升学困难	19	13.10	5	5.10	24	9.80
择校困难	6	4.10	11	11.10	17	7.00
家长没有能力辅导孩子的功课	31	21.40	23	23.20	54	22.10
孩子放学后无人管理	7	4.80	1	1.00	8	3.30
其他(请注明)	5	3.40	3	3.00	8	3.30
没烦恼	63	43.40	38	38.40	101	41.40
总计	145	100	99	100	244	100

第二节 海沧区"共同缔造"的政策实践

厦门邻近台湾，海沧区是第一个台商投资区。而"共同缔造"的概念也来自台湾。用某街道副主任的话说，"共同缔造的基础在社区，核心就是把老百姓动员（搅和）起来，实际上就是群众路线，只不过是党的群众路线在新的历史时期给它一个新名词。不要是政府单边管理，应该是社会多方的、多元的、全方位的，尤其是让社区居民和农村村民觉得，我的社会、我的社区、我的制度、我的环境，我要参与"。

再具体到海沧区的"共同缔造"中社会政策的相关内容，海沧区委的文件中表述如下："改善民众公共服务需求。第一，完善外来人口公共服务,为外来人口提供优质的教育、医疗、就业、居住等公共服务;第二,完善农村服务,在城乡一体化建设框架下,不断缩小城乡差距,努力实现城乡公共服务均等化;第三,完善服务调查机制,坚持问政于民、问计于民、问需于民,通过协商中心等平台,实现政府与群众的无缝对接,紧扣群众实际需要提供优质高效的公共服务;第四,完善服务供给模式,在政府、市场、社会之间形成合理分工,有效运用'政府购买服务'的手段,立足社区的居住、互助、教育、健康、文体、观光、交通、生态保护等功能提供全方位的服务供给,实现服务供给与需求的良好匹配"。

从上述表述,再结合本章第一节的多元积极社会政策的内涵可以看出,其公共服务的理念蕴含着"公平、多元、积极的社会政策的理念"——首先强调本地人和外地人、城市和农村之间,在享受公共服务上的公平性;其次强调通过政策治理过程的改善,更好地满足政策对象的需求;最后还强调服务提供主体的多元性。其分领域的具体实施情况如下所述。

一 海沧区社会保障政策的实施情况

社会保障是对社会成员经济风险的保护,一般来说分为两个层次:第一个层次是以"普惠"为原则的各类社会保险;第二个层次则是作为"安全网"的社会救助政策,它又可以进一步分为常规性的救济(比如"最低生活保障")和临时性的"救急"(比如救灾)。

海沧区是经济发展水平较高的地区,因此其社会保障体系相对完善,保障水平也比较高。根据海沧区官方公布的数据,2015年末,全区城镇职工养老、医疗、工伤、失业、生育保险参保人数分别达到182363人、190049人、171670人、172785人和166377人;

城乡居民养老保险及城乡居民医疗保险的参保人数分别为20285人和98323人,两险种参保率均达100%。再分各个领域来看如下示。

1. 养老保险

海沧区的养老保险分为四大类——城镇职工养老保险、被征地农民养老保险、城乡居民养老保险,以及事业单位养老保险,前三项的具体情况如下所示。

(1) 城镇职工养老保险

海沧区城镇职工养老保险的缴费比例是缴费工资的22%,其中8%是个人缴费,14%是单位缴费。缴费工资不得低于社会平均工资的60%,不高于社会平均工资的300%。2014年厦门市社会平均工资是5061元。外来人员(农民工)的养老保险,按照最低工资作为它的缴费工资,2014年最低工资是1320元。非厦门户籍在厦门参加工作缴费满15年的,可以在厦门办理退休。2014年7月开始已经有外来人员在厦门办理退休。但是这造成招外地工的社保成本低于本地工。为了促进本地户籍人口就业,政府对本地工的社会保险进行补贴,这样算下来,本地工的社保成本甚至低于外地工。目前,这部分补贴更是向困难群体倾斜,包括低保人员、被征地农民、城镇4050人员、失业1年以上的城镇职工等。此外,外来人员以个人的形式去缴费的,厦门市还没有收,只是以企业或个体工商户的形式缴费。海沧区人社局的相关工作人员认为,"外来务工人员不能跟城市职工比,我觉得这个蛮正常的。我缴费的标准低,享受的待遇低。如果外来人员觉得自己的层次比较高,可以申请按管理人员参保,可以按本市人员参保"。

(2) 被征地农民养老保险

海沧区在2005年12月开始实施被征地农民的养老保险,这是针对被征地农民和海域退养渔民的保险制度。其缴费标准是，按照社会平均工资的60%～100%，乘以22%，再乘以15年作为总的缴费金额。2005年社会平均工资是1881元，计算出来的总缴费金额是40677.6元。男满45周岁、女满40周岁作为缴费对象。男满60岁、女满55岁开始领取退养金。当时区财政补贴1.2万元，现在2.1万元。困难群体原补贴2万元，现在补贴2.9万元。两项补贴都是全市最高的。也就是说，按照目前个人年缴费金额5.6万元的标准来算，如果既是低保户又是失地农民，就可以享受2.9万元补贴，自己只需要交2.6万元。如果还交不起，只能参加城乡居民养老保险。

（3）城乡居民养老保险

国家的雏形是新型农村社会养老保险，简称"新农保"。厦门市作为全国的第一批试点，2009年12月做第1期人员的申报，当时全部是针对农民的。作为城乡一体化的一项重要内容，2010年7月，厦门市把农村居民和城镇居民养老保险合并，结合在试点过程中的经验和做法，推出厦门市城乡居民养老保险办法。参保范围是16周岁以上的没有参加其他社会养老保险的人员。"新农保"时期的参保标准在100～4000元划分为40档，后来列为城乡居民养老保险后，划分为13个档次。每档的财政补贴标准又有所不同，参保的标准越高，市区两级补贴的越高，最高补贴90块钱。此外，海沧区级财政补贴100元/（人·年）。以最低缴费档次100元为例，海沧区政府补贴100元，市区两级财政补贴45元，也就是说符合条件的登记者，无须支付任何费用，每年个人账户里就有145元。但是这个标准相比城镇职工和失地农民的养老保险来说，还是低很多。

2. 医疗保险

海沧区的社会医疗保险分为3个险种，城乡居民医疗保险、企业职工医疗保险、外来人员医疗保险。其中，企业职工医疗保险起缴金额跟社保一样，不能低于社会平均工资的60%，缴费比例是个人2%、单位8%，这样每个月扣300多块钱。35周岁以下的按照36%来划拨到他个人账户；36~49周岁按照44%划拨；50周岁以上按照52%划拨。厦门市城乡居民的缴费标准是个人缴费130元/年，市区两级财政补贴470元，共600元。另外，海沧区政府文件规定，130元中区财政再负担80%，剩下的20%由村财政和个人负担。现在20%部分全部由村财政承担。也就是说，海沧除了居民户，农民自己不用出钱就可以享受待遇。

在外来人口的医疗保险方面，根据《厦门市外来从业人员基本医疗保险暂行办法》，外来从业人员基本医疗保险费由用人单位和外来从业人员共同缴纳。其中，以上年度全市职工平均工资的60%为基数，用人单位和外来从业人员分别按4%和2%的比例缴纳。跟养老保险一样，外来从业人员不能以个人身份缴纳医疗保险费用，必须挂靠在用人单位。而在厦门居住一年以上、签订正式劳动合同，且有社保缴费记录的外来人口子女，可以参加城乡居民医疗保险。

此外，退休人员的医保政策是"跟着养老走的"。厦门的一个特殊政策是，只要到退休年龄（女性55岁、男性60岁），即使养老没法办退休，但只要户口来到厦门，可以自愿把医疗的钱一次性补缴，享受企业职工医疗保险待遇。补缴的计算方法是，按当年社会平均工资的10%，男性交25年，女性交20年，特殊群体可以申请按社会平均工资的60%作为基数，比如就业困难的人员，或者异地转过来但原来工资比较低的人员。

厦门市还有自付医疗困难补助：针对低保户、三无人员、残疾人，每年自付部分超过 1500 元以上的，再给 50% 的补助；超过 3000 元的，再给 70% 的补助；每年最高再补贴 1 万元。

3. 社会救助

厦门市各类民政对象实行统一标准，其救助水平在全省排名第一。自 2015 年 1 月 1 日起，海沧区提高民政救助对象救助标准，首次实行城乡低保一体化，将低保标准统一提高为每人每月 550 元；农村"五保"、城市"三无"等特困供养对象集中供养标准由 1000 元提高至 1100 元。2015 年海沧区城镇低保全年人均补差 466.38 元；农村低保全年人均补差 481.82 元；农村"五保"对象全年人均补助 959.8 元。除了低保外，海沧区另一项常规化的救济，是对本区 50~59 岁未就业的被征地农民和海域退养渔民每人每月发放 200 元保障性生活补贴，2015 年共计发放生活补贴 1845 万元，惠及 8453 人。

海沧在城乡低保中强调"多元参与"，正如民政局的相关负责人所言："事实上我们会发动社会的一些资源，把真正热心公益事业，热心关爱弱势群体的人吸引到我们的机制中来，开创了以政府保障为基础、广泛发动社会共同参与、开展邻里互助等'多元参与'的慰问形式……在过年过节的慰问中，我们采取了'订单式'慰问，针对不同群体的需要，采取不同的慰问方法，让慰问的一声问候、一桶油、一袋米，都送到群众的心坎上。"上述内容强调的是"救助提供方"的多元性，此外，在低保对象的资格审查上也引入了"多元"的理念，实行民主评议。2015 年对全区所有村（居、农场）的 879 户低保申请对象进行民主评议，共评议出 836

户，未通过评议的有43户（对落选的进行逐户走访，将家庭切实困难的纳入临时救助、医疗救助等），通过率为95.11%。

此外，海沧区2014年被确定为民政部"救急难"试点单位。"救急难"的救助资格原则为本区户籍或持有本区暂住证（或居住证）的居民家庭。其救助类型包括对个人（家庭）遭遇突发事件或自然灾害、意外伤害或突发危重疾病的临时救助，以及针对低保对象的大额教育救助、对流浪乞讨人员的救助等。2014年全年合计发放急难救助款67.69万元，为555户1788名困难群众解决燃眉之急（其中，救助19户外来人员2.69万元，为97名特困精神病人办理医疗减免）。

二 海沧区医疗卫生服务情况

2015年末，海沧区共有各类卫生机构131个，其中医院3所，疾病预防控制中心1家，卫生监督所1家，妇幼保健机构1家，计划生育服务机构4家，门诊部11所，诊所、卫生所、医务室77所，卫生院1家，社区卫生服务中心3所，社区卫生服务站2个，村卫生站27所；全区医院、卫生院实际拥有床位1350张，共有各类专业卫生技术人员2345人，其中执业医师（含执业助理医师）945人、注册护士1085人。

作为厦门市的下辖区，海沧区的卫生改革按照厦门市的统一规划部署。厦门市的先进经验在于，采取"慢病先行，三师共管"的办法，由大型综合医院专科医师、基层医疗机构全科医师和健康管理师共同构建"医防融合、防治结合、三师协作"的团队服务模式，积极探索柔性引导优质医疗资源和慢病患者向基层"双下沉"。目前这一创新经验已经得到国家医改办的认可，并向全国推广。2015年《公共服务蓝皮书》显示，厦门市医疗卫生满意度在全国38个城市中排名第四。

除此之外，在慢病管理方面，海沧区还在尝试慢病自我管理小组，患者可以自由加入。以石塘社区卫生服务中心为例，辖区现在有糖尿病患者3000多人，高血压患者6000多人，其中有500多人参加了"健康俱乐部"（慢病自我管理小组），根据辖区分组，每个小组有组长，定期在社区卫生服务中心交流心得，会员都会评选达人。其服务理念是：将过去"被动式"的健康教育转变为"主动式"的参与型健康活动，提倡"健康是自己的"。该"健康俱乐部"还采取激励措施——每次活动打卡一次，积分可以存入"健康银行"，可以用积分做体检。"比如感冒了，要做血常规，就可以用积分来做，就不用花钱了"。目前，该健康银行卡主要针对两类人员：健康俱乐部人员；高友网、糖友网签约人员。只要到社区卫生服务站的健康活动室看书、听场讲座，或者到该中心的健身房锻炼，就可以获得"健康银行"的积分，年底还会评选谁参与活动最多。

厦门市的基本公共卫生服务都是属地管理，覆盖外来人口。只要在厦门市居住3个月以上就属于常住人口，公共卫生服务的12大项、40小项全部都免费享受。外地的孕产妇，也可以跟户籍人口一样，免费享受孕产妇保健。事实上，在基层医疗服务方面，海沧将更多精力用于做好外来人口的工作。正如石塘社区卫生服务中心的负责人所言："我们辖区现在总共12万人口，本地户籍只有5万多，要求我们多渠道做好外来人口的工作。其实我们所有的精力都放在外来人口的服务上面，本地户籍的很好做，会主动参加。我们花很多时间搜索这些外来人口，比如打预防针要去搜索，工地进来也要去搜索、通知、宣传。我们不叫外来人口,叫'新厦门人',就是要多引进人才进来。只有公共设施配套好,才能吸引外来人口来参加工作。"

三 海沧区养老服务情况

如本章第一节所言,从人口年龄结构的数据看,海沧区是一个"年轻的城市",因此海沧区针对失能老年人的长期照护需求并不大,本章第二节的调查数据也证实了这一点。尽管如此,在全国性的养老服务规划与要求下,海沧区在养老服务方面也进行了很多创新型实践。从这些创新型实践看,其社区与居家养老服务并非完全针对失能老人,而更多的是以提高老年人的生活方便程度为目的;而机构养老尽管服务量不大,却更多考虑了医养结合的需求。

1. 社区与居家养老

据海沧区民政局介绍,海沧区居家养老已有7个全省乃至全国的"率先":全国率先推出居家养老"无围墙无门槛型志愿者服务模式"、全省率先推出鼎美和渐美两个农村社区居家养老服务站建设、全省率先推出"15分钟服务圈"工程、全省率先推出"取消户籍限制"、全省率先推出居家养老工作与社区"网格化"建设相结合、全省率先推出区级居家养老"五好"村(居)的创建评比、全省率先推出居家养老QQ群。

具体而言,从2014年9月开始酝酿"海沧区居家养老幸福堂"项目,幸福堂是幸福地欢聚一堂的意思,堂也有农村的宗祠、家族的意思,寓意社区里大家都是一家人。"幸福堂"[①] 试点项目

---

① http://wza.haicang.gov.cn/xx/jbxxgk/xw/hcyw/hcxx/hcxx1/201506/t20150626_280008.htm.

主要由"讲学堂"（包含老年学校、读书看报等子堂）、"养生堂"（给老人讲一些养生、医疗方面的知识）、"游乐堂"（引导老年人出去旅游、走一走）和"公益堂"（引导老年人做公益，培训他们在老年活动中心做志愿者，成熟之后拉出去作为践行堂）四个分堂组成，每个分堂均有数量不一的"子堂"。一个大堂下面有四个子堂，涵盖了"五个老有"（老有所养、老有所医、老有所为、老有所学、老有所乐）。幸福堂项目分三步走，2014年9月至2015年1月进行初步试验，3个街道6个点；第二步从2015年6月开始，4个街道13个点，城市社区全部覆盖；第三步计划在2016年向全区推广。海沧区要求1个居家养老服务站，要有8个以上的志愿者服务队。省市区三级分别给予每个服务站12万元、5万元、3万元，共20万元的建设补贴；每年工作经费补贴不低于1万元。每个服务站要登记注册为社会组织，有自己的独立账号，上述财政补贴直接拨付给服务站。服务站的财务每年都会年检年审，纳入社会组织的管理。除了给老年人提供活动场所之外，居家养老服务站还由志愿者提供一些无偿和低偿服务，比如送餐、陪聊、家政，等等。财政拨付的经费主要用于支撑这些志愿者队伍的"车马费"。居家养老服务站最早是要搭建一个平台，让老年人有个活动空间。后来服务内容越来越充实、丰满，海沧区现在以政府购买服务的形式，请敬善养老院来提供服务。

"无围墙无门槛型志愿者服务模式"的具体内容是：在人口比较密集的地方设立一个板块，如果老年人有什么需求的话，就把信息贴布在板块上面，志愿者接到信息就可以直接对接，进行联系和服务。里面分为4个分板块：说心事、寻求帮助、展示自我、同乡同音台（在社区找老乡）。据民政局不完全统计，已经有1000名老人受助，有1万名志愿者参与这一工作。这种服务方式突破了志愿者通知大家搞什么活动的形式和限制，增强了服务针对性。"我们还省去了管理造册等，我们现在是很松散型的，你愿意服务你就服务，不愿意服务可以不服务；甚至可以边工作边服务"。这个模式在2013年获得了民政部志愿者服务项目三等奖[①]。

跟城乡一体化建设有关的服务。从产业布局一体化的角度讲，城乡规划要求设立辐射半径为1公里的服务圈，包括一些商业网点，配套的学校、卫生院等，公共服务在15分钟之内可以辐射到。15分钟生活圈的规划覆盖所有人口，同时以老年人的需求为重点。在"五好"村居评比中，"15分钟生活圈"和"无围墙无门槛"型的服务项目都是硬性要求，这几个如果没有，将一票否决。

此外，海沧区将居家养老工作与网格员结合，他们认为，"将居家养老工作放在格格里面，这样服务就更加贴心，更加到位。跟网格员结合起来，网格员可以及时摸到老人的需求，及时通知志愿者去进行服务"。

2. 机构养老

在机构养老方面，海沧区共有3个养老机构，640张床位。其中一个是公立养老院，另外两个是公办民助性质。这三个都有医疗背景，都是医养结合型的养老机构。在城乡一体化过程中，原有的三个镇街的"敬老院"都取消了，集中供养的"五保""三无"老人都集中供养在敬善公办养老院中，区民政局以1100元／（人·月）的标准，向该公立养老院购买这些老人的服务。

[①] 厦门市海沧区民政局、厦门市海沧区老龄办：《无围墙无门槛型志愿者服务模式》，http://www.mca.gov.cn/article/zwgk/tzl/201303/20130300429989.shtml。

根据相关政策，海沧区新建的民办公助养老院将获得每个床位1.2万元的开办补贴，省市区的筹资比例为5∶5∶2，分5年拨付给养老机构；养老机构的运营补贴是根据实际入住的床位数，按照每个床位每月100元的标准拨付，运营经费由所在市、区财政按1∶1比例承担。从上述两项养老机构补贴来看，海沧区跟我国东部地区的一般情况相比，并不突出。但是跟很多其他地区只补贴本地户籍老人相比，海沧区对入住人员没有户籍等要求，只要入住的老人，不论是外地还是本地，都有补贴。这很大程度上是因为海沧区的户籍老人数量较少，而政府对养老机构的供方补贴主要起"能力建设"的作用，作为在未来满足服务需求的储备，以维持养老机构的持续运营为目标，同时兼顾了不同户籍老人的公平性。

在我国的大部分地区，大部分养老机构都不具备医疗资质，"医养结合"存在很大问题。但是在海沧区，3个医疗机构全部是"医养结合"型的。据民政局的相关人员介绍，"如果不是医养结合的，那基本上进机构的很少；老人多数是因为有这个医疗的需求才想要住进来，而且进机构的，基本也都是多多少少家里难护理、照顾的。有很多特别是骨科术后需要住院接受护理的，这样住院费用又比较高，所以护理方面的需求就比较大"。

以民办公助的新阳养老院为例，新阳医院是一个私立医院，医院中原来有一些长期骨折、失能半失能老人，不需要长期住在医院。针对这一部分需要护理的老人，慢慢形成了护理养老床位，开办了养老院，更类似护理院，也是医养结合的典型。养老院的医疗服务资源主要是依托隔壁的新阳医院。

根据厦门市《关于加强养老服务机构医疗服务的实施意见》，"入住养老服务机构的本市户籍参保人员，属于生活不能完全自理、70岁以上患慢性病行动不便、重度残疾患者发生的床位费，按照基本医疗保险和《厦门市医疗服务价格》规定的普通病房床位费标准结算：入住单人间、双人间的按双人间标准结算；入住三人间的按三人间标准结算；入住四人间及四人间以上的按四人间标准结算"。

以新阳养老院为例，由于其具备医养结合的养老机构的资质，入住的厦门户籍的失能老人，符合失能评定资格的，可以从医保金中报销部分费用，补贴标准为1200~1500元/月。从失能老人的支付能力来看，全护理的失能老人每月的最低费用是3700元，最高报销床位费1500元，需要自费2200元。厦门户籍退休职工的平均工资高于2200元/月，而失地农民的征地拆迁补贴和失地农民退休金也足以支付这样的费用标准，也就是说，对于一般的城市居民和失地农民，是有支付能力的；但是就退休金较低的城市失能老人、农村失能老人而言，这是超出他们支付能力的；此外，厦门户籍以外的老人只能享受标准较低的供方补贴，并不能享受医保报销。

四　海沧区义务教育与儿童福利情况

2015年，海沧全区共有公办学校27所，其中小学19所，完全中学2所，普通中学2所，中等职业学校1所，九年一贯制学校3所。全区公办中小学在校学生35329人，其中小学在校学生23062人，普通中学在校学生10054人，中职学生2213人。全区共有专任教师2074人，其中小学专任教师1101人，普通中学专任教师696人，幼儿园专任教师184人，中等职业学校专任教师93人。学龄儿童入学率为99.32%，初中升学率为100%，大专以上上线率达100%。

依托发达的经济，以及对教育的重视，海沧区在教育方面投入了大量资源。2013年，海沧区高分通过了教育部组织的全国教育发展基本均衡的评估验收。尤其在城乡教育一体化、城乡教育公平性方面，海沧区采取的措施包括：城乡学校硬件设备的一体化；城乡教师的同城同编，同城同授；开设高校以及名校合作办学，扶持弱势学校；通过小片区管理制度（就是以一所优质的学校为龙头校，然后再捆绑两所或者三所，甚至更多的一般校），实现资源共享和经验共享，带动薄弱校的发展；学生优待一体化（包括校车工程覆盖所有学校，以及在农村地区推行的农村学生义务教育营养改善计划）。可以看出，在城乡学生待遇和教育均衡性方面，海沧区已经走在全国前列。

在外来人口子女义务教育方面，外来人口满足"三证"——在厦务工合同、暂住证、社保（满1年）——条件的，其随迁子女具备在海沧区入学的资格。过去这些符合条件的农民工子女都是100%入读海沧区的小学，但是随着这些外地户籍学龄儿童数量的增加，其入读公立小学的比例也在降低。以2015年为例，当年只能达到57%左右——外来务工随迁子女报名的人数超过3500人，经过审核以后符合条件的将近2800人，但是公办校能够提供的学位，目前来看可能只能提供1600个左右。在这种情况下，海沧区采取"积分排队"入学的方式。比如交一年社保算1分，如果买房就算20分。在系统中从高到低进行排序，分数高优先选学校。对于积分不足以入读公立学校的农民工子女，以及不符合"三证"要求的农民工子女，则入读民办小学。目前海沧区民办小学有5所，学生近4000人，老师近200人。这5所民办小学全部是低端的，在办学条件、师资等方面跟公立学校都有较大差距，它们主要面向那些不能就读于公立小学的农民工子女。

尽管如此，所有民办小学是没有完全自主招生权力的，而是由教育局来统筹统办。具体而言，按照积分数字，不能在公立小学就读的、符合"三证"条件的农民工子女，将由民办小学优先接收；在此基础上，如果仍有名额，再向其他外地户籍的儿童开放。

海沧区教育局的负责人并不讳言，其小学入学政策对于外地户籍的"弱势群体"无能为力。这些"弱势群体"具体而言是指在海沧区没有签订正式劳动合同也没有房产的灵活就业人员、非正式就业人员，以及一些个体经营摊贩等。他们不仅在经济地位上处于弱势，在享受福利的权利上同样也是弱势的，在政策制定者的资源分配逻辑中，其优先顺序排位靠后——"应该讲有一个优先的顺序，正常的话在这里买房的人他可能会考虑稳定，解决完他们再来解决流动的，正常的还是有先后顺序的。在解决的时候不可能来说先解决这部分人，有先后的。……外来务工人员的子女，我们要有一些措施。没有说你全部流入，全部进入，我们全部接受的，这个是没有的，局限性是有的"。

而在初中阶段，海沧区的民办初中在前两年就取消了。对于外地户籍的学生，只要有海沧区学籍，都可以上公立初中。也就是说，六年级时的海沧区"学籍"是在海沧区就读中学的必要条件。一般来讲，小学一年级在海沧区入学的外地户籍学生都是有海沧区学籍的，但是中途插班生则很可能没有学籍——"中途转学进来一般是没有学籍的。……转入要符合我们这边的一年级就学的条件，比如要符合积分条件的人才行，不是每个人都可以。我们要有空间，才能让他申请，没空间就没有这个申请。中途过来的情况并不多，通常考虑在这边入学的他会有这个考虑的，一年级升二年级,二年级其实是满的,会有比较少的余位去接收,是没有条件再去活动了"。

之所以取消中学阶段的民办中学,一方面是控制因福利较好而吸引过来的"福利移民",尤其是并没有在海沧区稳定就业的人口;另一方面,也是出于风险控制的考虑——"因为民办学校周边会有一些地区包车来我们这里上学,因为一个是政策比较优惠,在当地可能他会觉得还有差异,他愿意包车来到这里入学。公办学校会有条件的符合,但民办学校他是不会择生的,不考虑你片区是不是合适,是不是安全,其实从异地包车过来还会有一个交通安全的问题,可是他们有时候就没有选择性的就这样接受。没有限制的话,他是无限制的膨胀,随便你来了他都会接收你,是不是你可以都接收"。

第三节　结语

从海沧区社会政策的总体情况来看,海沧的社会福利水平整体较高,尤其是社会保障的框架比较完善,保障水平相对较高;政府财政和社会保险对于医疗和养老的筹资大大提高了服务可及性;而义务教育的硬件、师资、学生待遇等更是走在全省前列。这些都表明依托较高的经济发展水平,海沧区对民生事业的重视。

更深入地看,在评价某个社会的社会政策的时候,我们主要会看这些社会政策在多大程度上满足了社会成员的需求,社会福利的资源分配是否公平,以及社会政策与经济发展是否良性互动。

社会政策需求是由特定的社会风险决定的,而它又进一步取决于经济社会环境和人口结构等背景因素。具体到海沧区而言,它是一个"年轻"的城市,相比中国的大多数城市,海沧的老龄化程度并不高。此外,快速的城市化产生了占人口很大比例的失地农民,外来人口也在大量涌入,这些带来了相应的就业和社会保障需求,也同样产生了不同人口的福利公平性问题。因此,我们可以从城乡居民、本外地户籍人口两个维度分别来看上述三方面。

首先,从城乡居民的维度来看。面对大量的失地农民,海沧区每年有近一半用于民生的财政支出是投入在失地农民的拆迁安置上,用于其他领域的民生支出也非常多。而从我们的居民调查数据情况来看,海沧区人们在社会政策领域的整体满意度是比较高的,而且城乡人口在满意度上的差异不大。结合政策规定和我们的居民调查数据看,海沧区的城乡发展在各个方面都比较均衡,城乡的福利资源分配有很高的公平性。

其次,再看本地户籍和外地户籍人口的维度。海沧区的人口中有超过一半是外地户籍人口,而且在外地户籍人口中,劳动年龄人口比例更高。因此,外地户籍人口既是海沧经济发展的主要贡献者,同时也是其福利资源的享有者。然而跟上述城乡居民的公平性逻辑不同。一方面,外地户籍人口内部有较强的异质性,同一个政策,不仅对本地户籍和外地户籍人口有所不同,而且不同外地户籍人口的待遇也可能不同。比如对外来务工人员的义务教育有"三证"的要求,而且要按照积分多少的优先顺序入学。另一方面,不同的社会政策可能对外地户籍人口的接纳程度不同。比如,基本公共卫生服务是对外地户籍人口的接纳程度非常高的,只要在海沧区居住三个月以上就可以跟本地户籍人口一样接收无差别的免费服务;而在社会保障中,外地户籍雇员的医疗保险和养老保险水平都要低于本地户籍雇员,也没有享受社会救助的资格;义务教育则是有选择地同等对待部分外地户籍人口。

不可否认，海沧区针对外地户籍人口的社会福利政策已经大大优于其他城市，这很大程度上是因为外地户籍的劳动力是海沧区GDP的主要创造者，因此海沧区政府有动力通过较好的福利待遇吸引和留住这些劳动力，同时维护社会的团结和稳定。但是外地户籍人口与平等的市民化待遇仍有较大距离，而且社会政策更类似于调节外地户籍人口的一种工具——吸引和留下那些更有利于海沧发展的流动人口，而且通过不同时期的社会政策待遇的不同，调节人口规模，在既定的经济发展和社会稳定需求下，将人口保持在一个更为理想的状态。

再回到"共同缔造"与多元积极的社会政策实践。我们看到，海沧区的"多元"体现在其政策对象的多元上——不仅仅是城市居民和农村居民，更是考虑外来人口多样性的福利需求，在一些重要文件中都反复强调满足"新厦门人"的社会服务需求，在各个社会政策领域也都有针对性的政策设计。而供给方的多元体现在引入社会组织和机构提供社会服务，这在养老服务领域、社区服务领域最为明显，但是在教育领域进展不大。而"积极"更加强调政策对象的参与，从海沧区实践来看，这在社区服务层面和基层医疗层面（比如"健康俱乐部"）有所体现，但还是处于自发的碎片化状态。

综上所言，"共同缔造"作为一个社会治理的概念，也渗透到社会政策领域中，表现为一定程度的多元积极社会政策的发展，促进了社会的公平进步。然而这种发展仍处于起步阶段，未来还有待进行更加深入的理念探讨，以及进一步的整体规划。

第三章 "共同缔造"与外来人口的社会融合

外来人口在海沧的经济发展中起到了重要的作用。从20世纪90年代开始，海沧投资区建设得到比较大的发展。投资发展的一个主要支柱是外来资本（台商投资）和外来劳动力，包括技术劳动力的引入。由于户籍制度的限制，海沧和全国其他地方一样，最初的外来人口转化成本地户籍人口非常困难，同时也不能享受本地的基本公共服务和社会福利。这样，外来人口长期游离在城市公共生活之外。即使为本地经济做出很大的贡献，也不被视为本地人。他们的归属感不强，也带来相当多的社会问题。

在台商投资区发展的早期，除了国有部门的正常工作调动和家庭关系所涉及的人口迁移，外来打工人口主要生活在投资区范围内。正规的员工有集体户口，企业为自己的员工提供了基本的生活设施，投资区也有基本的公共设施。投资区的生产生活自成一体，在投资区就业的人基本上不用与外界社会沟通。加之当时海沧经济发展尚未起步，海沧农业社会和工业区的差距非常明显。投资区不仅是当地经济的"飞地"，也是社会发展方面的一个

"飞地"。

随着海沧区的经济持续发展,更多的外来人口从暂住人口转为常住人口,甚至户籍人口。城市管理不得不从以生产管理为主向行政区、生活区的管理转化。加上海沧区城市发展势头比较猛,房地产市场被看好,在这里买房的外来人口也大量增加。海沧人口从 2004 年的 14.3 万人增加到 2014 年的 42.9 万人[①],人口增加到原来的三倍。这么快的增长对海沧区的城市社区治理带来了巨大的压力。

与此同时,海沧经济增长的结构发生了变化。海沧投资区以外的地方工业化、城市化速度提高,从一个以农业为主的地区,变成了城市面积和人口比例越来越大的地区。这与海沧政府引入相关政策,要求投资区内以生产为主的经济与区外本地服务业经济相结合有关。工业区的人口越来越多地消费由周边人口提供的生活服务和生活用品。土地经济本身也进一步促进了周边农业区的工业化和城市化。海沧也得益于厦门地区经济整体的快速发展。作为厦门周边地区,海沧吸引了越来越多的工业和服务业投资。从某种意义上看,虽然投资区仍然在海沧享有政策优势,但是投资区以外地区后来的高速发展正在逐步缩小投资区和投资区以外的经济差距。

这些发展趋势意味着海沧的发展不再是简单的投资区和投资区以外的地域分割,人口也不再是本地人和外来暂住务工人员的划分。经济的融合和收入差距的缩小带来了社会融合的需要,经济增长机会不断出现也意味着原本短期务工的人口在这里获得长期就业机会的可能性更大,安居的需求也会更加强烈。由此,对于通过各种渠道实现社会融合的需求也相应地提高了。

---

① 《厦门市海沧区统计年鉴》(2015),第 185 页。

作为一个多年依赖外来人口满足经济发展需求的地方，海沧对外来人口基本上保持着比较欢迎的态度。即海沧在帮助外来人口融入方面有比较强的政治意愿。接下来的问题是如何融入。本章以海沧在外来人口管理和融入领域所进行的各种政策尝试为例，探讨是否能够通过治理的改变，即利用共同缔造的手段取代传统的行政手段，改善外来人口社会融合的效果。

第一节 外来人口的社会融合问题

外来人口增加势必对移民接受地带来非常大的挑战。世界各国的政府和管理者都面临如何应对外来移民人口所带来压力的挑战。忽视外来人口社会融合的需要，即使在短期节约了公共开支，却有可能埋下长期社会隐患，将来对社会安定造成严重的负面影响[1]。20世纪90年代以来，社会排斥理论被广泛地用于分析外来移民的处境，特别是世界各国廉价劳动力移民人口所受到的不公正待遇[2]。关于中国外来人口的研究也大体上基于这个思路[3]。这些研究的核心是指出

---

[1] Tonkiss, F., "Space, the City and Social Theory: Social Relations and Urban Forms", *Polity* (2005).

[2] Roche, M. & Van Berkel, R. (eds.), *European Citizenship and Social Exclusion* (Aldershot: Ashgate, 1997); Silverman, M., *Deconstructing the Nation: Immigration, Racism and Citizenship in Modern* (France: Routledge, 2002); Foa, R., The Economic Rationale for Social Cohesion – The Cross-Country Evidence (Social Cohesion and Development, Paris France, January 2011).

[3] Li, B., "Urban Social Change in Transitional China: A Perspective of Social Exclusion and Vulnerability, *Journal of Contingencies and Crisis Management* 13 (2005): 54–65; Li, B., "Floating Population or Urban Citizens? Status, Social Provision and Circumstances of Rural-urban Migrants in China, *Social Policy & Administration* 40 (2006): 174–195; 任远、邬民乐：《城市流动人口的社会融合：文献述评》，《人口研究》2006年第3期；王桂新、张得志：《上海外来人口生存状态与社会融合研究》，《市场与人口分析》2006年第5期，第1~2页。

外来人口（特别是进城务工人员的）的生存状态，以及他们被政府政策和"主流社会"排斥的现状。这些研究指出，移民在中国的城市中面临着劳动权、居住权、社会福利权、子女受教育权和身份的不平等问题。移民在接受地就业和生活，是接受地经济和社会的重要组成部分，移民接受地的政府不应该把外来人口所需要的社会服务作为包袱看待[1]。从社会发展和公民权利的角度来看，外来人口应当平等地为城市所接受[2]。可以看出，2010年之前对外来人口待遇的研究出发点主要是基于社会正义的视角：全体社会公民应当享受公平、公正的社会保障和社会服务。

在实践中，地方政府并不一定接受这样的批评。他们提出，外来人口快速增加所带来的经济、社会和政治压力令其感到难以应对，甚至提出城市人口承载力、综合承载力的概念[3]，主要观点是一座城市对人口的接受能力是有一定限度的，超过一定规模和密度难免会影响居民生活质量。因而，城市需要控制人口的增加。这种表述招致更多的批评。毕竟中国的大城市不一定是世界上人口最多、密度最大的城市，同时也并不是管理得最好的城市。与北京、上海同级的大城市有雅加达、德里、马尼拉这样管理混乱的状况，也有东京、首尔和纽约等运转良好的例子。人口密度确实有可能对城市人口的生活质量有很大的影响，但是也要看到香港、澳门等城市的人口密度也高于内地的城市。如果这些城市的高密度尚未达到其承载力极限，很难说明国内的大城市就无法容纳更多的人口了。

---

[1] 俞可平：《新移民运动、公民身份与制度变迁》，《经济社会体制比较》2010年第1期。
[2] 王春光：《农村流动人口的"半城市化"问题研究》，《社会学研究》2006年第7期，第107~122页。
[3] 宁波市第六次人口普查办公室：《浙江省城市人口承载力研究》，http://www.zj.stats.gov.cn/ztzl/lcpc/rkpc/dlc/ktxb/201408/P020140828535306318846.pdf，2012年。

特别是目前我国城市人口压力并不是指未来的新增人口即将带来的压力，而是指已经在这些城市工作和生活了相当长时间，甚至很多年的人口无法享受平等的社会服务。这说明，大城市在满足现有外来人口的生存状况和管理方面也存在很多问题。所谓的城市承载力，除了资源（资金、空间、自然资源等）的局限外，更为重要的是社会治理能力与当前的人口结构并不匹配[1]。资源和治理能力之间存在一定的相关关系。治理能力越强，越有可能克服资源的局限性。东亚地区的不少城市，如香港、新加坡、东京、首尔等都是通过治理能力的提高克服资源局限的例子。这也说明，城市治理能力的缺陷是外来人口真正融入的重要瓶颈所在。

仔细观察我国2005年以来的社会政策改革，很难说外来人口，特别是农民工的待遇没有得到改善。例如，社会保险缴费和收益权的调整，建立各地民工子弟进入城市学校的试点，一些中小城市和西部大城市保障房对外来人口提供，等等。但是，在户籍制度改革方面迈出的步子似乎总是不够。对农民工流动人口给予平等待遇的呼声越来越高，甚至由于公平待遇的缺乏，出现了相当多的集体行动。这有政策设计不合理，无法实施的因素，也有地方政府意愿不足的因素。政策设计的问题主要在于跨地区统筹管理的难度[2]和农民是否愿意获得城市身份[3]。而治理方面的问题也日益明显。相关的改革并没有达到"受益者"预期的效果，却影响到既得利益群

---

[1] Li, B., Chen C. and Hu, B., "Governing Urbanisation and the New Urbanisation Plan in China", *Environment & Urbanisation* (2016).

[2] Li, B., "Social Pension Unification in an Urbanising China: Paths and Constraints", *Public Administration and Development* 4 (2014): 281 – 293.

[3] 张海波、童星：《被动城市化群体城市适应性与现代性获得中的自我认同》，《社会学研究》2006年第2期，第86~106页。

体。随着时间的推移，群体利益日益固化，群体之间因为缺乏认同感而出现矛盾和冲突。这一点在外来人口的教育、居住和社会保障领域都有所反映。

在整个社会关系变得愈发紧张的背景下，地方管理者在面对与外来人口相关的一系列社会问题时，往往把它视为对社会稳定的挑战，在处理的过程中把如何能够保证"不出事"作为首要目标[1]。这个出发点明显不再是基于公民平等和社会正义性的考虑，而是最大限度地减少社会不稳定的结果。维护社会稳定有几种手段：一是通过控制和消声来减少不满情绪在公共场合的发泄；二是通过补偿来平息不满；三是挖掘不满的根源来化解矛盾。在前一阶段的社会治理实践中，前二者的地位比较突出，即通过社会控制和经济补偿来寻求稳定。事实证明，这样维护社会稳定的成本很高，效果也不一定好。过度控制有可能造成更深度的不满和对政府信任的下降。而经济补偿使用不当也有可能形成"会哭的孩子有奶吃"的状况，从而扭曲人们对社会公正的理解，带来负面的激励[2]。

面对上述情况，即使出于维护社会稳定和保护长期经济增长的考虑，也有必要认真对待社会不满情绪产生的根源，从化解矛盾而不是激化矛盾的角度来解决问题。一旦这个认识能够形成，它在现阶段和现有的治理体系下，甚至有可能比公民权的视角对地方政府的激励更强。即出于维护社会稳定的考虑，地方政府更有可能积极

---

[1] 张荆红：《"维权"与"维稳"的高成本困局——对中国维稳现状的审视与建议》，《理论与改革》2011年第3期，第16页。
[2] 唐皇凤：《"中国式"维稳：困境与超越》，《武汉大学学报》（哲学社会科学版）2012年第5期，第3页。

主动地去关注外来人口的境遇，努力调和社会群体之间的矛盾。原因是，从维护社会稳定的角度出发，地方政府有可能主动放弃"地方保护主义"的做法，即把僵化的、只按照上级资金划拨来服务于本地人的行政模式，转变为把社会的和谐本身视为地方利益，尽可能地动用各方资源调和各方矛盾的地方治理模式。可以说共同缔造就是这种思路转换的一种尝试。

第二节 海沧外来人口的现状和地位

海沧区的常住人口在2015年底达到33.2万人，2010~2014年厦门各区常住人口变化情况如表3-1所示。海沧在整个厦门市的人口增长速度最快，暂住人口从2003年的不到5万人，增加到2012年的30万人左右，之后稍有减少；因为有相当一批暂住人口是来海沧打工的，他们受经济增速放缓的影响不得不离开海沧。2014年海沧的暂住人口总数又开始回升，约有27.3万人（图3-1）。总体上，海沧区的常住人口在过去五年中呈上升趋势，增长率达到10.5%。本地居民的增长基本保持平稳上升，在过去十年中增加5万人左右。如此规模和比重的暂住人口说明海沧总体上对外界吸引力仍然不减。

表3-1 2010~2014年厦门各区常住人口

单位：万人，%

年份	全市	思明区	湖里区	海沧区	集美区	同安区	翔安区
2010	356	93.3	94.2	29.4	58.7	49.9	30.5
2011	361	94.8	95.6	29.9	59.5	50.4	30.8
2012	367	95.9	97.1	30.5	60.7	51.4	31.4

续表

年份	全市	思明区	湖里区	海沧区	集美区	同安区	翔安区
2013	373	97.0	98.9	31.2	61.7	52.3	31.9
2014	381	98.3	100.6	32.5	63.3	53.6	32.7
五年增长率	7.0	5.4	6.8	10.5	7.8	7.4	7.2

资料来源：《厦门市统计年鉴》（2015）。

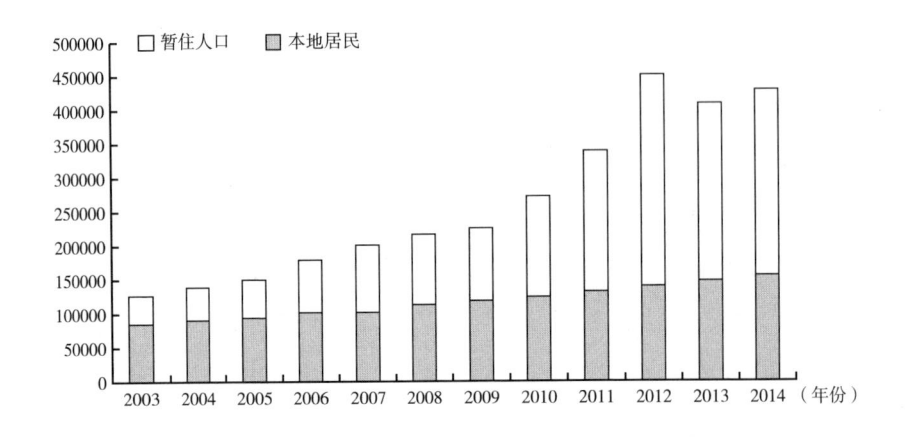

图 3－1　2003～2014 年海沧人口变化

资料来源：根据《厦门市海沧区统计年鉴》（2015）第 185 页表绘制。

海沧人口的流动性也相当大（表 3－2）。在 2012 年的高峰期，流动人口达到 18 万人以上，仅新阳街道的流动人口就达到 10 万人左右。一年中海沧流动人口人数在 16.5 万～21 万浮动，年初数会低于年末数。这个浮动的范围也大大高于常住人口，说明流动人口本身也是一个不能保持数量稳定的人群。

进一步看流动人口的居住时期长短的情况。截至 2015 年底，在全部流入人口中，大约有 12% 是半年至一年的暂住人口，29% 已经居住了 2～4 年，5 年及以上的达到 59%（图 3－2）。与一年前相比，居住时间长的人口比重增加，居住不到 4 年的比重有所下降。这与海沧区积极改善生活环境，积极吸引更多的人在这里安家落户的政策环境是相符合的。

表 3-2 2011 年 10 月 1 日至 2012 年 9 月 30 日海沧区各街道常住人口和流动人口统计

区划	总人口数							
	年平均总人口	年末总人口合计	常住人口			流动人口		
			年均数	年初数	年末数	年均数	年初数	年末数
海沧区	319935	344925	133637	130249	137025	186298	164696	207900
新阳街道	113973	122691	15389	15213	15565	98584	90041	107126
海沧街道	145358	156107	85463	82621	88305	59895	51987	67802
东孚镇	54599	59667	29638	29293	29982	24961	20237	29685
海农	3375	3668	1043.5	1057	1030	2331.5	2025	2638
第一农场	2593.5	2754	2066	2027	2105	527.5	406	649
天竺山	38	38	38	38	38	0	0	0

资料来源：《厦门市海沧区统计年鉴》(2013)。

5年及以上 36%
0.5~1年 16%
2~4年 48%

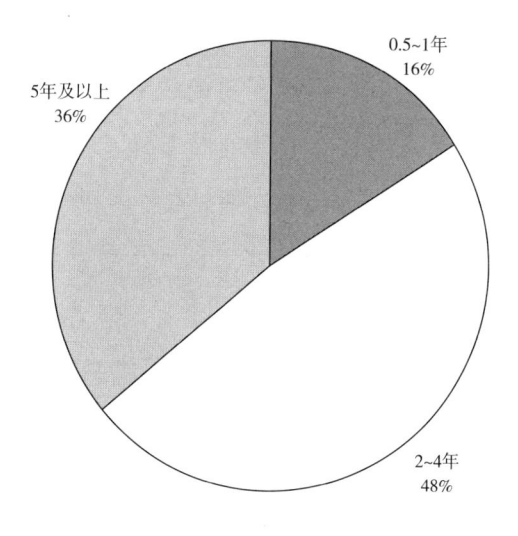

2014 年

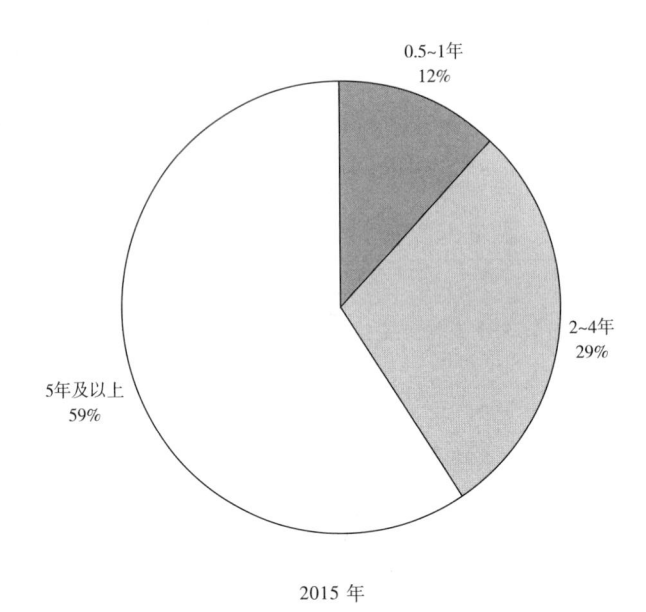

```
         0.5~1年
          12%


5年及以上              2~4年
  59%                29%


         2015年
```

图3-2　流入人口在海沧居住时间构成情况

资料来源：《2014年厦门市常住人口发展情况分析》，《厦门统计分析》第7期。厦门统计信息网，2016年月16日。

海沧的外来人口种类也比较多。早年由于投资区大发展和政府对台政策的吸引，台商和与台企相关的技术管理人员，及外来务工人员占主导地位。外来务工人员中有持本地户口跨城区流动的、有持本省户口跨地区流动的，也有跨省流动的。外来务工人员主要集中在投资区内生活和工作，而投资区之外主要是农村地区。本地人和投资区的居民相对隔绝。2000年以来，随着工业区向外扩张，海沧的城市人口增加，其中有一部分村转居新移民人口。从某种意义上看，他们并不算外来人口，但是由于生活方式的转变，也面临如何适应城市生活方式的挑战。与厦门市区相比，海沧的房价在过去十年中上涨相对较慢。越来越多的岛内人看到海沧城市发展势头猛，生活环境改善快，加上岛内岛外交通便利，到海沧买房居住，在岛内上班。外来的买房者,包括来自省内和省外的,都有所增加。例如,龙岩在海沧买房定居的人口已经达到7万人以上,在海沧总人口中比重不断上升①。前来买房的外来人口有的是出于就业和生意的考虑,有的是出于子女就学和生活舒适的考虑,还有一些住房投机者。上述因素导致海沧的房价呈加速上涨趋势,住房需求愈发旺盛(图3-3)。

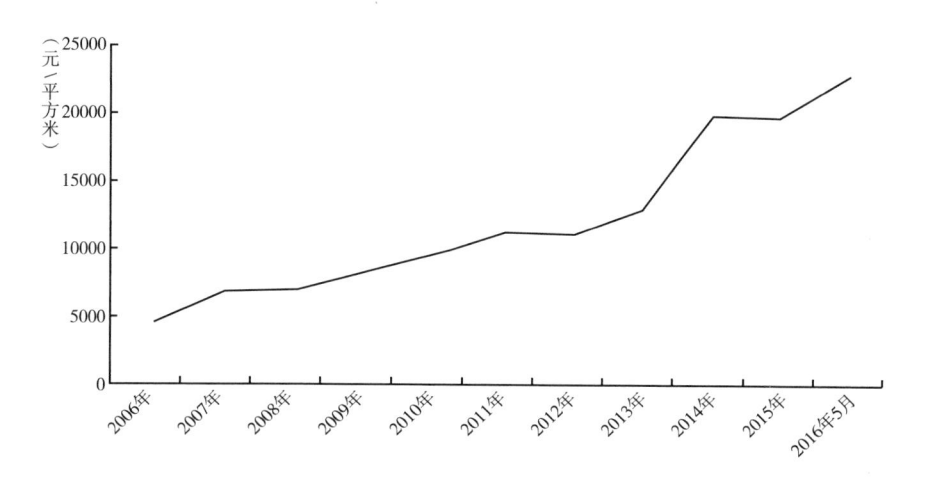

图3-3 海沧区的住房价格

资料来源:《细看10年厦门房价涨价史它竟然是这样涨起来的!》,新浪乐居,http://xm.house.sina.com.cn/scan/2016-05-16/17506137912000392796646.shtml? wt_source=sy_news_zyzq,2016年5月16日。

第三节 外来人口高度集中和快速增加带来的社会问题

虽然外来人口对海沧的经济建设做出了重要贡献,但如此高流

---

① 《六位海沧人有一个来自龙岩,43.1万人口龙岩籍近7万》,http://news.xmnn.cn/a/xmxw/201412/t20141227_4269256.htm,2014年12月27日。

动性和如此混杂的人口结构对城市治理带来诸多挑战。

第一，外来人口与当地居民缺乏认同感。如前文所述，在过去海沧大部分地区都是农业人口，而外来人口主要集中于投资区内的时候，投资区内外的生活基本处于相互隔绝的状态。投资区生产生活自成体系。投资区居民受教育程度和工作性质均与周边农村人口大不相同。这种本地人和外地人相对隔离的发展模式带来了诸多问题。外来人口与本地人、社区和政府缺乏共同的文化关联、与本地居民的落差感比较大。同时，外来人口对本地的认同感和归属感也很低。这种状况下，即使提高社会认同感，也只能是在投资区内或外寻求更高的区域内部认同。此外，即使是在情况相似的人群中，由于居住区建成时间短，居民户之间也不如成熟的小区里面的居民那样彼此熟悉。从陌生人的社会到逐步形成社会信任和社区氛围也需要一定的时间。

第二，社会责任感不高。海沧虽然从原来的农村城镇一跃成为当前的新兴工业城区，但是传统的生活方式难以在短时间内快速转变，思想观念更新滞后于生活条件改善，加上大量流动人口的涌入，对海沧公民参与社会治理的自觉性、主动性都有影响。涉及对公共利益有好处，但是不一定能对自己有好处的项目，当地人采取事不关己的态度。如在美丽乡村建设中，村里得到资金铺设下水管道和公共厕所，这样可以大大改善村里的卫生和健康环境。但是，只要管道经过自家门前，厕所离自家庭院很近，就会遭到居民反对。相应的大型环境工程 PX 项目原本用于解决垃圾围城的问题，也同样遭到抗议，最终不得不放弃。邻避效应体现了利益相关者不信任"权威解释"，同时也不希望自己在任何一件事上为社会付出比别人多的心态①。

第三，缺乏社会正义的信念。首先，贫富分化和资源分配不公现象随着外来人口的增加和经济增长加速而日趋明显，滋生了影响治理稳定的潜在因素。其次，在某些流动人口聚集，或者城乡接合部地带，由于政府的管理能力无法及时跟进，安全和稳定都存在重大隐患。政府过去的政策也没有起到很好的引导作用。最后，与其他地方一样，过去对外来人口的各项政策着眼于城市的经济发展——吸引人才发展经济、吸收廉价劳动力从事制造业和服务业。这样的政策导向在面对不同的外来群体时有不同的待遇。例如：要吸引的人才很容易获得优厚的待遇；而作为廉价劳动力的群体就比较难以像其他居民一样获得同等的社会待遇。当然，这样的政策是自上而下制定，受到更大范围的政策思路限制，海沧也难以例外。长期如此形成的政策和话语环境，导致相关群体失去对社会不公的敏感度，特别是既得利益群体缺乏对弱势群体的认同，有可能导致社会排斥现象持续存在②。

近期随着海沧房地产业受到青睐，地方政府乐于支持房地产投资，外来人口更多的是购买养老地产和其他类型住房的投资者。这样的政策对本地住房、土地等都会产生更大的需求。这样，有可能在基础设施和服务等诸多领域进一步形成新的外来人口和现有常住人口之间的利益平衡问题。从全国其他大城市的发展历程来看，海沧的发展在未来很可能受到服务与治理能力的制约，从而在不同利益群体之间出现一定的矛盾，而矛盾的根源或多或少来自上述问题

---

① 姚德超、刘筱红：《邻避现象及其治理》，《城市问题》2014年第2期。
② 李秉勤："Floating Population or Urban Citizens? Status, Social Provision and Circumstances of Rural-urban Migrants in China", *Social Policy & Administration* 40 (2006): 174-195.

的积累。

新阳街道办的负责人谈到的一个现象很能体现上述多个问题综合作用所产生的社会影响。

> 在人口结构上，新阳街道总共18多万人口，外来人口有17.6万。外来人口和户籍人口（不完全是本地人口，也有买房落户的外来人口）的比例严重倒挂……因为有很多企业，大量外来人口涌入，买得起房的都在山边社区买房，买不起的大部分流动性非常强，就在边上3个村庄租房，原来的村里人也就乘势大量盖房。然后就出现了大量的问题，包括房子建得密密麻麻，有一些安全隐患，环境卫生也不好。原来的一些村里人干脆就做甩手房东，搬离本区到城里去住；而早期的一些外地人，像河北等地来摆摊的，和本地村民慢慢熟悉起来，就把村民闲置的毛坯房购入、租入，收起来当起二房东，甚至有的人还在建房的时候就入股。整个社会治理面临很多问题，如治安问题、外来人口和本地人口的融入融合问题。包括厦门要建文明城市但很多人骑自行车、摩托车从来不看路，过年、过节放鞭炮不遵守当地要求等问题。新阳街道一度还被省里面综治挂牌督办，社会治安的问题街道……

上述情况只是从一个角度来看海沧面临的诸多社会问题。但是，对于不同的利益相关者来说，这些问题产生的原因并不相同。例如：本地居民所见到的情况是，随着外来人口的增多，社会问题越来越多。虽然海沧人总体上并不排外，政府对外来人口也持比较欢迎的态度，但是海沧本地人并不积极与外来人口交往。正如我们的一个访谈对象谈到的：在城乡接合部，本地人是房东，外来人口是租户，房东不认为租户有相同的社会地位，因此也很难成为平等的公民；相比之下，海沧的外来人，特别是技术移民和买房的移民中很大一部分受过良好的教育，自视素质高于本地农民和失地农民人口，因此也没有积极融合的意愿。

而从海沧区政府的角度来看，如何培育与中等收入的经济发展水平相匹配的公民意识，提高政府和居民的信任度是海沧区社会发展的重要挑战[1]。这个思路的前提是海沧的社会问题很大程度上与公民意识缺乏有关。从这个角度看，提高公民意识有助于社会融合。有了更好的公民意识，社会信任度也会相应地提高，从而促进社会融合[2]。

第四节 "共同缔造"对外来人口社会融合的作用

从理论上看，涉及公民意识和参与的话题，很难只凭借对上级意志的执行就达到满意的政策效果，必须有来自利益相关者的配合和支持。这就要求政府在实施自上而下的政策过程中转变观念，主

---

[1] 李晓群、王伯房、王颖：《激活社会，让自治运转起来——厦门市海沧区"美丽厦门·共同缔造"试点项目的调查与思考》，《调查与咨询研究报告》2014年第153期，第13~50页。

[2] 需要明确的是，促进社会融合有很多方面，比如，普及公民教育、促进居民权益平等。例如传统意义上的公共服务，如学校、住房、医疗等的平等享受权和服务均等化，社会保障和保护的平等参与和受益，等等。但是，海沧是区级政府，并不是对所有的社会政策都有决定权，而且区级政府并无直接的规划权。所以本章把研究的注意力集中在海沧地方政府有较多裁量权的领域，即与外来人口相关的社会治理。

动寻求与各方的合作,甚至是鼓励自下而上的政策推进①。外来人口的社会融合问题恰恰是这样的政策领域:在公共环境的维持、社会治安、社区参与和官民互信方面,政府官员的表现取决于利益相关者的表现。例如:环境卫生的维护需要有居民的积极配合,仅靠专人打扫很难维持时时清洁;社会治安的维护也是需要有居民配合,甚至联防联治才有可能得到长久的改善,单纯依靠警方不仅维护成本高,而且也很难覆盖全面;同样,社区参与也是需要有公众的配合,否则无法真正实现。这些政策领域,很难单方面地靠官员意志来实现。

与此同时,我们也需要注意到,如果仅仅依靠公众,或者多方参与来解决,也无法保证人们的积极性能够长期维持。从其他国家的经验看,能够单纯依靠自治的政策领域其实是非常有限的。多数的公共服务需要有专人专职来提供。所谓的自治、参与,即使在组织能力比较强的中产阶级社区也需要有能够整合个人意愿与资源的稳定平台来实现服务的稳定性。因此,在我国的多项政策领域,经过多年的实践,形成了一套自上而下、横向协作的工作体系。所谓的自上而下是指以政府为主导,带有一定的顶层设计色彩,并将相关的理念灌输到基层。而在基层的执行层面,政府主要起到组织协调的作用,整合多方资源来集中力量实现特定的目标。但是,如何能够把纵向的整合和横向的协调有机地结合起来是一个尚未解决的难题。毕竟,自上而下的政策制定和执行是基于旧有的等

---

① Li, B. et al., "Motivating Intersectoral Collaboration with the Hygienic City Campaign in Jingchang, China", *Environment and Urbanization* 1 (2015): 285 - 302;彭勃、张振洋:《国家治理的模式转换与逻辑演变——以环境卫生整治为例》,《浙江社会科学》2015年第3期。

级化的行政作风；而通过横向协调，特别是要调动非官方力量来共同参与整个政策过程是必须要尊重自下而上的意愿的。通过什么机制能把这两套原本并不相同的体系结合起来，克服各自的缺点，从而增加社会治理的民主参与甚至决策成分是一个非常有意义的课题。

共同缔造可以说就是寻求这种纵向、横向政策互动，并结合来自多方面社会成员的支持的一种尝试。所谓的共同缔造，放在外来人口社会融合的背景下，需要实现几个主要的目标：第一，提高公民意识；第二，提高社会认同感；第三，普及社会公平正义的观念。本节首先考察海沧在各个方面的尝试及相关的政策效果。

一 社会治理框架的确立

1. 在流动人口管理方面实现责任明确，建立激励机制

建立系列制度明确对流动人口管理的责任，并通过相应奖罚机制来促进基层利益相关者配合对流动人口的管理。其中包括：（1）按照"谁用工、谁管理"和"谁出租、谁负责"的原则，加强流动人口落脚点的管理，预防和减少流动人口的违法犯罪；（2）建立健全流动人口管理档案，实行有效管理、监督和服务；（3）开展"星级出租户"评选活动，促进出租房管理朝安全、规范、有序的方向发展。

2. 以政府为主导的居民区治理[①]

（1）针对外来人口多的管理特征，加大侵财性案件的侦破力度，并加强歌舞厅、网吧等娱乐场所的行政管理，加大对黄、毒、

---

① 法制厦门网，2015 年 9 月 16 日。

赌和卖淫嫖娼等社会丑恶现象的整治力度，净化社会治安环境。同时开展社会治安重点地区排查整治和校园及周边环境治安整治等专项工作，着力解决突出的治安问题。

（2）人防、物防、联防并举。房管部门督促物业服务企业对居民小区、单位内部的重点要害部门增加门禁、防盗伞等物防设施，规划、建设、国土等部门规划建设一批机动车公共停车场点，加强临时公共占道停车场点建设，增加中心城区夜间泊车车位，城管部门在人员复杂、地势偏远的地区和路段安装路灯等设施，实施亮化工程，各街（镇）加大经费投入，加强老旧无物管小区的物防设施改造。强化群防群治队伍建设，提升人民群众对综治和平安创建工作的参与和认同度，由工商部门组织商铺开展户户联勤活动，加强红袖标队伍建设，企事业单位健全内保制度。

（3）严格治安防范管控，推进"平安海沧"建设。利用"两实"系统平台（实有人口、实有房屋），加强基层基础信息建设，整合公安、城管、交警、武警、工商及街道、居委会、物业公司等各界力量，实行全方位的对社会面的管控。强化对常住人口、流动人口各类信息的管理工作。

（4）各村（居）设定网格员，实行"分片包户、全责管理"的工作模式，对网格中的人、地、事、物、组织进行动态化的管理和服务。对网格内村（居）民住户每周进行走访入户，每年至少入户一次。

上述宣传和管理的效果主要体现在几个关键性的环节中，政府主导、责任明确、多方参与。这些做法的核心是帮助基层政府确立社会管理的执行框架。

二 社区治理的实际工作

社区治理的实际工作包括几个主要的方面：居民参与积极性和凝聚力的培养、提高居民的法律意识、提高对基层政府的信任度，并在此基础上培育社区治理的能力。这些工作基本贯穿了社区生活的方方面面。

1. 参与积极性和凝聚力的培养

在社区范围内通过让外来人口在居住区内有住房以外的相关利益，如各种公共服务和社区服务，来增加归属感；使外来人口在居住区内有发声渠道来提高他们的公民责任感，有参与机制使外来人口在居住区内被纳入社区事务的决策中来。

外来人口的社区参与积极性比较低，邻里之间彼此互不相识。组织社区活动是一个常用的提高社区参与度的方式。例如，海翔社区通过亲子活动、讲座，包括演出、有奖问答等文体活动，营造社区氛围。每年有近百场大小活动。这些活动不一定由上级指定。在特别的节日，包括春节、元宵节、妇女节、青年节、劳动节、儿童节、建党节、中秋节、国庆节、端午节、重阳节，有政府授意。除此以外，平时还有各种各样、不同规模的活动。这些活动大约有一半由居委会出面组织，还有一半由居民自己组织。在海虹社区则举办社区居民大学，目的是把生人社区转变成熟人社区。在城乡接合部的兴旺社区则成立社企同驻共建理事会，让企业和新厦门人共同参与社区治理，实现更好的融合。

2. 提高居民的法律意识

为了改善社会治安，海沧政府着力于加强居民的普法宣传教育，提升居民的法律意识。与传统的说教方式不同，海沧采取鼓励创新的活动形式，其中包括以下形式。①

（1）深入企业举行全区企业法律知识竞赛、举办法律知识讲座、发放法治宣传教育读本、展出法制宣传展板、开展现场法律咨询等各类法治宣传活动。

（2）有选择性地在外来人口子弟较多的学校开展"学生带法回家"活动，充分发挥"小手牵大手"的作用，让孩子带动家长尊法学法守法用法，持续推进"法律进学校"活动。

（3）开通"法律早班车"，将早晨上班时间作为开展普法工作的时间；选择菜市场、大超市、公交站、工厂和学校等人流量集中的地点，现场接受法律咨询，发放普法宣传材料。

（4）除了继续利用传统的各村（社区）法治宣传栏、出动法制宣传车播放宣传光碟外，还利用"法治海沧"普法微官网、微信平台、微博和门户网站等新兴互动媒体开展法制宣传。强调和用户的直接"交流"和"互动"，鼓励多方面多种形式的参与。特别是自媒体的使用，进一步降低了受众参与的门槛。

宣传的效果现在还比较难以判断，但是其工作的力度和覆盖面从海沧政府发布的数据可见一斑："2015年1~9月，共举办各类法治宣传活动26场，参与外来人口达12260余人次，现场解答咨询近370人次，发放宣传材料11330余份，发放宣传品近2360份。"②

3. 提高对基层政府的信任度

提高对基层政府信任度主要是通过提供服务来实现的。现有的

---

① 《厦门市海沧区普治并举打造最具安全感城区》，法制厦门网，http://www.xmpf.gov.cn/fzdt/yfzl/201509/t20150906_68455.htm，2015年9月16日。
② 法制厦门网，2015年9月16日。

研究提出，中国居民对基层政府的信任最为重要的来源就是基层政府实现相关承诺，基础设施和服务提供到位[①]。海沧政府也有意识地从这方面着手来提高外来人口对政府的信任度。我们在新阳社区的调研中看到，社区着重为外来人员提供服务，主要是解决他们衣食住行问题。通过工作站下沉试图在家门口帮外来人口解决问题。

（1）就业服务：利用信息化平台实现用工需求对接，把雇主和找工作的人进行匹配。此外，还有人才市场、经济服务中心、招商公司，以及工会、妇联，都会做一些针对劳动力市场的对接和服务。

（2）出行：利用公共自行车等公共交通，把工业园区和居住区连起来。

（3）四点钟课堂：解决外来人员子女放学后没人带的问题。通过社工购买服务来做。外来人口子女放学后可以到新厦门人社会组织孵化中心（新厦门人服务综合体）。由社会组织培养的本地的志愿者、厦门大学学生、家长等，轮流看孩子。

（4）对外来人口提供学校培训、网上报名的集中现场培训，包括政策宣传，如何上网操作，利用微信公众平台服务号跟公众号进行上网咨询、安排办事、就医，等等。

（5）鼓励多方创新服务：例如政府现在正在考虑是否给刚来到这里的流动人口提供短期的住宿安置等。工会在考虑安装投币洗

[①] Li, B. & Mayraz, G., "Infrastructure Spending in China Increases Trust in Local Government", *Social Indicators Research* (2015): 1–16; Zhong, Y., "Do Chinese People Trust Their Local Government, and Why? An Empirical Study of Political Trust in Urban China", *Problems of Post-Communism* 3 (2015): 31–44.

衣机让外来务工人员洗衣服。

这些做法除了便民之外，很重要的一点也是通过这些服务，让外来人口意识到地方政府是欢迎外来人口到海沧安家，努力在为他们解除移民的后顾之忧，从而提高对政府的和社区居民之间的信任度。兴旺社区是一个外来人口非常多的社区。某网格员负责的社区是商品房小区，谈到在社区内建立信任的过程如下。

> 在2008年我们开始工作的时候，第一次入户的时候，门一开，看到我们带着工作证，拿着本子，"砰"一声又把门关上。后来他解释说我们是发广告的。……（还有的居民）骂我们是政府的走狗……。我们入户走了两个月，到了网格化的时候已经很熟了，通过熟悉通过沟通才会有信任。让陌生的脸混为熟悉的脸，陌生的社区变为熟悉的社区，慢慢信任才会产生。我那时候管400多户，总共有20个楼梯，我都不知道走了多少个楼梯。因为经常走，经常跟他们解释，这样才慢慢熟悉的，信任也是一传十，十传百。网格化以后，居民慢慢会找我们处理一些其他事情，达到更加熟悉的程度。网格化之前看到会点头，不会熟悉到什么程度；网格化以后，网格员要跟居民聊天，可以达到很熟悉的程度。

4. 社区治理的机构和能力建设

为了能够有效地推广社区治理和社区自治，从厦门政府到海沧区政府都在大力推动各种社区自治组织和社会组织的发展。到2015年，海沧区每万人拥有社会组织数达到4.6个，超过全国平均水平。从治理结构上看，海沧区下设街道和社区。街道与社区在外来人口管理上的分工不同。街道更集中于管理和对机构的服务，社区则关注居民日常的生活需要。不同社区吸引的外来人口性质和人口结构也不太相同。这就意味着社区治理中对外来人口的治理方式也会有不同的侧重。

以新阳街道为例。这个街道下设4个社区：霞阳社区、祥露社区、兴旺社区、新垵村。在街道层面，侧重对外来企业和社会组织的综合性服务。通过新厦门人服务综合体提供社会组织的备案登记指导、协助社会组织开展活动，也负责组织志愿者、社工的专业活动。新厦门人服务综合体位于新阳街道海新阳光公寓，面积1200多平方米，现在入驻的社会组织有17家。位于综合体内的"新厦门人社会组织孵化基地"是厦门第一家专门为社会组织的培育和发展提供资金、场地、人才等方面扶植的机构。以政府购买服务的形式，引进厦门市希望社工服务中心和台湾社工督导，为入驻的社会组织提供辅导和培训，促进辖区社会组织的发展，带动辖区内的1400多家企业，参与的新厦门人达到15.6万。这个项目本身的设立也采取了"共同缔造"的工作方式。由街道出面先后召开60多场座谈会，入户入企3万多人次，征集"新厦门人"意见建议10余万人次，收集梳理意见建议2.6万余条。基地的建设也得到了社会支持，大博颖精出资200万元设立慈善基金会，厦门卷烟厂、新阳纸业、捷太格特、特宝生物、威迪亚、新阳医院等辖区11家企业和320多名"新厦门人"纷纷捐资投劳，金额达263万元[①]。目前新阳街道备案与注册的社会组织有45家。因为社会组织比较零

---

① 《首个社会组织孵化基地前天落户海沧新阳街道》，《海沧消息报》2014年3月4日，http://www.xmnn.cn/haicang/kdhc/201403/t20140304_3734140.htm。

散,分布在各个村居。新阳街道又牵头成立社会组织发展促进会:"统筹社会组织,给社会组织一个平台,搞一些关于社会组织的培训、资料、管理、资金支持。"

从社区治理角度看,各个城市社区内分别成立道德评议会、共建理事会、同心合议厅等自治组织。这些组织的作用是通过集中居民力量来化解居民区内的矛盾。具体到不同的社区,情况则有所不同。在兴旺社区,登记与备案的社会组织有15家,如合唱团、羽毛球俱乐部、乒乓球俱乐部、老年人协会、妇女互助会、妈妈生活馆等。这些活动原来就有,只不过没有备案、登记,运作也不够规范。社区在其中起到的作用就是帮助这些组织理清关系,以便长久运行。对于兴旺社区来说,政策类的服务统一面向有空的人,外来人口可以同等享受。此外,还有很多活动主动吸引外来人口参加。比如,"厨艺争霸赛"鼓励参加者来自不同省份,便于互相交流。兴旺社区内还设有社区居民自治小组,由7个人组成,由小区居民发起。原来的小区脏乱差、荒草丛生,也没有地方停车。开始是两个居民自己出钱整理,网格化以后政府介入,调整土地使用、粉刷房屋,社区环境有所改变,居民也乐于参与。等到进入正轨,相关的服务项目就转给专业人士,聘请了2个保安和1个打扫卫生的人。另外,由两个老人把卫生、开门等事情承包起来,服务费从物业管理费中扣,自负盈亏。

三 外来人口治理理念的变化

在共同缔造的语境中,对于外来人口的态度与过去不同。过去是由民间呼吁、政府专门为外来人口提供有针对性的服务。共同缔造则把外来人口视为社区的成员,参与"共同缔造"的一分子。

这样，对外来人口的基本态度是一视同仁，让外来人口和本地人一样做出贡献。例如，天竺社区外来租房人口比较多，有252人，70多户，也有少数人买了商品房。另外，社区里还办了四点钟学校，如社区书记所说：

"四点钟学校起源就是照顾外来民工，他们在工厂上班，家里的学生放学没地方去，就想把他们组织起来。但是现在我们本地人也是可以的，本地父母上班放学没人照顾……这种项目肯定不能只限于民工，肯定是只要有需要都可以，只要住在这里都可以，包括我们其他的社区服务，不论你是本地的还是外地的，只要住在这里，只要暂住证办在这里，居住在这里都可以享受。我们有责任为你们服务，那么你们也有义务配合我们的文明创建工作……不能说有需要来找我们，我们有需要的时候你们不配合。现在外来工也主动参与社区的活动，蛮配合的，比方说清洁家园之类的活动，有特长的要为社区贡献。我们的夏令营，你们孩子也可以参加。但比如我们美化环境，你也得尽可能做。不能乱堆乱放。自家门口要弄干净。"

这个例子很明显地说明外来人口在社区中的地位转换。从需要的满足来看，一开始是为了满足外来人口的需要，为他们专门创立的服务；随后发现本地居民也有类似的需要，就把服务也对本地人开放。这样，外来人口也可以通过自身需求的表达和满足来弥补本地服务的缺乏。从服务的供给来看，外来人口也在各种活动中出力，并没有因为不是本地人就得到特殊对待。这种权利义务对等的观念有助于外来人口很好地融入社区的日常生活中。

相比之下，过去由政府主导的社区服务由于项目经费的专款专用是很难逾越行政约束的，不得不把特殊群体特殊对待。即使有偏重外来人口的政策，也是把外来人口和本地人口分别管理。这样做虽然能够有针对性地解决一些外来人口的需求，但同时也容易造成政府资源向外来人口转移的印象。这样外来人口成了社会"关爱"的对象。在经济景气、政府资源充沛的时候，人们乐于"关爱"外来人口。在经济衰退和资源有限的情况下，就有可能造成本地人对外来人口"占用"资源而不满。这在很多其他城市，甚至其他国家都已经明显地成为社会矛盾的突发口。而通过共同缔造的理念把外来人口转变成积极为社区做贡献的公民，不但加强他们对本地政府和社会的信任，而且提高本地居民对外来人口的接受度。这个态度的转变具有深远的政策意义。

第五节　面临的问题

"共同缔造"确实有助于调动各方资源，提高利益相关者的积极性，在建设和谐社会方面有相当重要的贡献。特别是在转变官员的工作思路方面，在与官员的访谈中各级官员对如何用共同缔造的思路来改变工作方式，特别是调动基层的积极性方面有很多可以分享的经验和想法。而且对在各方面的工作中如何利用多种渠道资源、与居民互动有着相当强的意识。此外，从这种工作方式可以看出，即使是在同一个区，工作内容也出现了多样化的趋势，说明各地方开始更多地在政策过程中结合适合本社区的资源条件。但是，本课题的调研中也反映出一些问题。

一 政出多门，基层的承受力有限

即使在所调研的地方，也就是做得不错的地方，大量的政策和创新做法在短时间内纷纷出现。这些新的任务和创新做法最终都要落到基层执行者的头上。对于基层官员来说，政策颁布速度快，多头提要求，缺乏时间充分领会。疲于应付是经常状态。一位社区干部提到："区里有要求、市里有要求，甚至省里也有要求，来我们这参观完了会提一些要求，让我们改进，有时候我们会被多头的要求弄昏了头，非常乱套。各个条口的要求都没有少……在改革前沿，具体做事的人的工作量成倍增加，规定动作一样都不能少，搞得我们很疲惫……上面给基层一点总结的时间，我们也呼吁外来、上面的专业部门做一点专业指导。说到底，谁先吃螃蟹谁先尝到鲜，同时也会被累个半死。"

这位干部谈到的情况还只是来自上层的要求，同时共同缔造要求基层官员和行政人员更多地与群众接触，入户、入企业、上街宣传。基层官员如果按照要求学会了发动群众，有可能减少一定的来自共同缔造的工作量。但是，需要注意的是，基层干部传统的业务并没有减少，即使学会新的工作方式，也只是在新增的业务领域适用。这样，基层官员是否有可能长久地在真正意义上承担起他们在共同缔造中所需扮演的关键角色也是值得进一步关注的。毕竟在现阶段，共同缔造是海沧的招牌政策，是重中之重。政府虽然专门在各级行政部门设立了缔造办，人们对它是否能成为一个常设机构还不确定。毕竟共同缔造的推进是通过运动自上而下推动，这种做法依靠的是集中资源、发动群众。但是，如果要形成持久的力量，需要有固定的机构设置，由专人负责统筹协作。

二 局部改革，政策之间缺乏协调

共同缔造归根结底是一种工作思路。在这个基础上进行的工作方式调整是系统性的。也就是，它更注重从问题出发。这样的问题领域除了外来人口社会融合以外，还有妇女儿童的平等问题、环境问题等，这些问题领域的特点是需要实现多重目标，是有多个利益相关者的参与才可能保证实现的复杂社会项目。因此，全面实施一项政策之前需要有更加缜密的考虑，甚至要征询多方意见，防止片面的改革对其他相关政策领域和行政部门的工作带来不良影响。此外，若要有效实施，需要有相应的制度调整。否则，即使政策意愿是好的，却有可能因为缺乏政策协调而造成更多的问题。

以外来人口的落户问题为例，海沧过去外来人口中有相当大的一批的户口挂在人才交流中心。现在只要是应届大学生，签订了劳动合同之后就可以落户。如果工作的企业有资质，就在企业落户；企业没有资质的就在社区落户。有一些人在企业有集体户口，但是离职之后，就变成了空挂户口。很多这种空挂户想随着政策变化迁到社区。目前社区一律不接收。社区干部提到："按照户籍法的要求，户籍不能空挂，如果这样的话，很多户口都会空挂。比如说房子卖掉，户口要迁走；但是他理论上可以把户口挂到我们社区的集体户来。他好不容易到厦门来，不愿意把户口落回老家，就在社区空挂呗。现在社区空挂的人数没有上限。"由于没有明确的指示，也没有来自街道和派出所的指导，社区不敢轻易接受。但没等社区反应过来，又出了新政策，要来落户的集体户不需要经过居委会，可以直接去派出所落户，这样在派出所落户的人，社区并不知道。但是，社区的工作因此变得非常被动，收到很多投诉。

再以权力下放为例。某社区主任谈到:"街道搞改革,工作站下沉了,搞'一办两中心';但是区里、市里还是'三办五中心',所有的检查还是要应付,甚至档案都要做两套,总结要写两份。"

这两个例子都说明,相关改革措施的引进虽然是出于改进服务、便民的目的,但是涉及多个部门和多个环节,缺少事前的充分沟通和协调,造成政策执行上的困境。共同缔造从本质上需要更好地贯彻工作过程,听取利益相关者的意见非常重要。毕竟,不同的政府部门有一套既定的业务模式。新政策的引入如何能够在系统内得到消化,同时不与其他部门的做法形成冲突,历来是政府面对复杂性政策问题时所要面对的重要挑战。共同缔造理念本身因为强调多方参与和协调,本身就有可能降低由于局部改革带来的相关问题。可是,如果把共同缔造作为一种政策来突击执行,而不是一种工作方式来贯彻,就有可能受到上述问题的困扰。

三 急于求成,社会工作的行政化

由于海沧的共同缔造是自上而下推进的,政府在此过程中起着非常强势的主导作用,引入共同缔造的初始目的是改变工作方式。但是由于急于见到成果,上级政府部门又设定了诸多检查、评比、奖惩手段。为了能够保住工作,居委会成员要把很大精力放在应付上级单位的检查。虽然口头上强调共同缔造,但是工作中又没有耐心等待利益相关者自觉参与、谈判和达成共识。政策执行过程往往带有很强的行政化色彩。虽然区、街道也想过让社区居委会更好地服务社区居民,想把社区工作者和社区工作站剥离,这样工作站就做行政化的事务和考核,社区工作者就集中关注服务。但是,从现有的制度安排中又很难做到。

此外，因为有些自上而下规定的政策，如计划生育、综合治理都是一票否决的项目，即社区如果不在这些项目上花大力气，做出成绩，则他们在其他政策领域中做出的成绩就不被认可。有了共同缔造之后，他们一面需要紧盯上级的要求，一面关注、发动和协调来自地方的创意活动，工作量大大增加。与此同时，基层工作者的人数、收入并没有增加。一个理性的社区工作者，把大量的精力放在几项上级检查的传统项目上，尽量少关注来自居民的要求，甚至索性减少服务才是合理的选择。如果无法这样做，则为了完成更多的工作任务，社区常常把原本应当是在政府体制以外，热心于社区公益事业的社会组织、志愿者纳入政府的基层工作体系，这样就把社会工作转化成了行政工作来做。这样的做法使社会工作者陷入很大的迷茫。

不过，虽然有这种情况存在，我们在海沧的调研中也看到，这个情况尚不是普遍现象。而是与相关部门的官员和干部本人的工作方式和治理文化、和社工本人对政府角色的认识有关。例如，我们访谈到的有的社工个人和组织主动寻求政府的帮助，在自己的工作开展不下去的时候，得到政府的支持。这样，政府成为社工链接资源的一个渠道。而有的社工则缺少这方面的沟通经验，导致政府的工作人员觉得他们经验不足，不如政府员工工作更有效。我们也看到，有一些社区已经开始在探讨社会组织的社工和政府雇员的分工。可以预见，随着政府与社会工作人员的相互谈判和磨合有可能形成带有个人、机构和地方色彩的多种合作模式。

四 政府减负，过多依靠民间力量

共同缔造强调调动群众积极性，但是有些地方的官员把这理解为减少政府的服务。但是，完全依靠居民自治，而相关部门不给予相应支持的话，有可能导致人心涣散，甚至服务的中断。某社区居民谈到："外来人口的管理不好，小区外来人口多，也有很多父母来这边带孩子，他们带着孩子到处小便、拉屎。公园臭臭的。物业也管不着，只用志愿者来做清理是不好的。"对环境卫生不满意，居民认为"一是社区管得不好，只会在检查的时候打扫；二是打扫完后还是会马上弄脏的"。理论上讲，公共卫生的维护是人人有责的。但是，这不应该等同于环境卫生部门不再承担监督责任。

第六节 结论和政策建议

总体上看，海沧对外来人口的社会融合做了大量的工作。这些工作思路非常明确，而且政策成体系，涉及社会融合的方方面面。非常值得注意的是，海沧多个基层政府和社工组织谈到的对外来人口与本地居民一视同仁的态度。这种态度是在提倡平等待遇和便民服务的同时，也要求外来人口像本地居民一样对社区做出相应的贡献。这个思路并不是把外来人口作为"另类""他们""弱者"来对待，而是对外来人口有同样的道德和责任要求。这是带有根本性的平等观念，也便于把外来人口的社会融合纳入所有的政策考量中来。

共同缔造作为一个治理体系尚需解决自上而下与自下而上的制度衔接问题。这同时也是一个重要的理论课题。如我们在本章开头谈到的，共同缔造的目的是解决完全依赖公民社会或志愿组织来提供社会服务或者完全依赖行政体制来执行政策的做法各自存在的弱点的问题。从长远来看，无论是共同缔造还是发动群众，需要解决的一个制度性难题是如何把纵向上自上而下的行政体系和自下而上的自治体系，以及多部门协调的横向体系更好地结合起来。同时，外来人口的社会融合是一个系统工程，除了提供标准化的服务之外，需要有各种各样的方法来消除外来人口对本地政府和社区工作人员的不信任，消除本地人和外地人之间的不信任。海沧利用共同缔造的工作方式在改变社会治安、提高公众的参与程度和改变不同社会群体之间的关系方面确实起到了不少作用。

从海沧目前的经验看，共同缔造方面还有一些尚未理顺的治理关系。制度瓶颈和人的认识瓶颈在工作方式的转变过程中起到了约束作用。①自上而下的行政体系和参与式决策之间如何衔接。自上而下的行政体系要求基层政府对上负责。上级单位所运用的手段主要是指标考评、达标，并辅之以相关的奖惩制度作为激励。而参与式决策最终采纳的方案是受到居民和其他利益相关者的影响，是自下而上的。二者在各自的体系内，均可以最大限度地发挥优势。但是当把二者结合起来的时候，官员就会面临到底该对谁负责的问题。需要面对这个问题的层级与相关政府权力下放的程度有关。权力下放的程度越深，自下而上制定政策的空间就越大，引入参与式决策的范围也有可能越大。而目前在自下而上和自上而下的衔接点上还缺乏一个很明确的关系。所以就会出现基层官员积极推进社会参与，但是因为上级考察的内容和社会参与的内容不一致而受到惩罚的情况。②政府与社会组织的关系。一个比较理想的体系是在社区范围内政府与社会工作相互促进，又相互独立。社会工作体系有助于下情上传，向行政体系通过与社会工作体系的对接，有可能实现在政策制定和形成的过程中更好地了解居民的实际需求，并把这些实际需求纳入政策制定环节中。

政府官员和社区工作人员也需要意识到，基层政策执行者的过度辛劳恰恰仍然是大包大揽的工作方式的结果。从理论上看，有了社区的自我管理和服务，基层官员直接提供服务的负担会减少。但是事实并非如此，基层官员抱怨服务内容是增加了而非减少了。这也从另外的侧面反映出，整个行政体系并没有随着共同缔造而实现本质性的转变。因此，更深层的调整需要在理清行政、服务和民情上达的机制之间的关系方面着手。

此外，在以政府为主导的社会治理改革中，地方政府往往非常希望通过这项改革在较短时间内树立一个模式。但是，共同缔造不同于过去很多地方政策推广到全国的做法。它的要求是实现一种不同的工作方式，而不是执行一种新的政策。而这种工作方式需要来自政府以外的多种利益相关者的配合。这更是一种文化和制度层面的改变，需要相当长的时间来渗透，利益相关者最终的主动接受甚至长期参与才是最重要的。

这里不得不提及本研究在方法论上的局限。我们调研走访的地方主要由当地政府推荐，应该算是做得比较有特色的地方。这个调研自然有助于我们看到那些比较好的做法。但是，我们在走访的过程中也了解到，在我们走访的地区以外，还有很多地方看不到太多共同缔造的迹象。或者说，并不是所有的社区都积极采纳相关的理念。而到底是什么原因导致其他地方不一定愿意接受这样的做法本课题组无法知晓。如果能够把这个研究进一步拓展到海沧区内并没有积极实施共同缔造的社区，我们就有可能生成更好的比较案例，有助于地方政府更好地把握如何更有效地把这个理念向更难以推广的地方推展。

但是，我们也需要进一步提出一个问题：是否应该根据目前其他地方尚未全面实践共同缔造而认为它并不成功？这又回到前面提到的对共同缔造产生效果的期望值问题。这是一个治理理念的变化，期望它能够在很短时间内在各地都一蹴而就是不可能的。因此，在考察相关政策领域的效果时，还需要确立一套有别于传统政策评估的指标，这套指标需要包括对政策过程本身的考察。

第四章 "共同缔造"与城乡一体化

这一章探讨共同缔造理念运用在城乡一体化的实践中有可能发挥什么样的作用。如何运用共同缔造来实现海沧城乡一体化的理想，产生了哪些与以往不同的效果，以及值得借鉴的经验和教训。

在以下各节，第一节界定城乡一体化这个概念。探讨城乡一体化过程中存在的障碍、类型和面临的挑战，并提出城乡一体化所面临的核心问题是在城市中心论的思想主导下，资源通过现有的治理体系不断地被再分配到城市。因此，要想真正实现城乡一体化，需要对治理方式做出相应的调整。第二节讨论厦门城乡一体化和相关的政策背景，有助于理解海沧区在整个厦门城乡一体化中的位置。第三节从理论角度分析不同的治理模式，并指出共同缔造工作方式不同于其他治理模式的特点。第四节以海沧的实践为案例，分析共同缔造在这个过程中的应用，重点在于探讨共同缔造本身的理论意义。第五节讨论海沧共同缔造的效果。最后本章的结论提出，共同缔造在现阶段作为促成各级政府观念转变的强力措施起到了很重要的作用。它的特长在于转变干群关系和调动居民的积极性。因此，在公共产品，特别是无法带来直接经济利益的公共产品的提供方面，有助于解决各级政府和公众积极性都不高的问题。但是，我们也应该认识到，官员意识的扭转是政府工作方式的扭转，社区居民和村民意识的扭转则是社会文化的转变，要使这些转变深入人心仍需时日。

第一节　城乡一体化

城乡一体化的政策建议，是在改革开放之后的 80 年代提出来的。当时提出这个概念是在前一时期二元经济的背景下[1]。这个概念包含了几个假定：第一，二元经济的持续存在有以往重城市、轻农村的政策背景；第二，二元经济可以通过扭转前期造成二元分割的政策得到缓解。但是，城乡一体化的实践证明，单纯靠改变政策不一定能从根本上解决问题。

一　城乡一体化的障碍

学界和政策实践中对城乡二元分割产生的原因有不同的理解[2]。所谓一体化按照市场理论来看就是资源或者产品在不同的子市场之间可以自由流动，通过市场参与者的套利行为尽量减小价格差异。从经济理论来看，之所以价格差异会持久存在，往往是产品和要素流动面临各种障碍[3]。因此，城乡一体化的目标应该是消除城乡物资和人口流动的障碍，实现城乡经济的融合。造

---

[1] 景普秋、张复明：《城乡一体化研究的进展与动态》，《城市规划》2003 年第 6 期，第 30~35 页。
[2] 洪银兴、陈雯：《城市化和城乡一体化》，《经济理论与经济管理》2003 年第 4 期，第 5~11 页。
[3] Hoff, K., Stiglitz, J. E., "Introduction: Imperfect Information and Rural Credit Markets: Puzzles and Policy Perspectives", *The World Bank Economic Review* 4 (1990): 235-250.

成市场分割的可能障碍很多，对原因认识的差异往往带来不同的政策思路。

坚持市场失灵论的人觉得市场之间的信息传递存在障碍，交易费用高，等等。或者服务提供者如医生有可能在城市创造对其服务的需求，在貌似市场饱和的情况下赢得更多的就业机会，从而避免因为人员增加而不得不到乡村去[①]。可是，市场不一定能够通过自动的价格调整来改变这样的现状，从而出现了两个或多个子市场在不同价格水平上的局部均衡。这样的局部均衡体现在地理上就造成了区域差异。如果区域差异是建立在有支付能力的需求上，则差异的存在只是一个效率问题：有些人付出比别人更高的成本得到相同的服务。这种分割的格局不一定会形成"社会问题"。但是，如果区域差异导致了基本需求得不到满足，轻则形成社会排斥，造成不满情绪[②]，重则造成严重的外部性，甚至挑战社会良心底线。从公共政策的角度看，在面临后一种情况的时候，需要有相关政策来帮助市场突破无法自发摆脱的、有可能造成不良社会影响的差异性局部均衡[③]。

坚持政府失灵论的人则看到政府的政策干预阻碍了经济一体化的形成。例如，政府对人口流动的控制，根据居民来源地区分福利待遇等，都有可能实际地造成对农村人口和外来人口

---

① Wennberg, J. E., Barnes, B. A., & Zubkoff, M., "Professional Uncertainty and the Problem of Supplier-induced Demand", *Social Science & Medicine* 7（1982）：811-824；Bloor, K., Hendry, V., & Maynard, A., "Do We Need More Doctors?", *Journal of the Royal Society of Medicine* 6（2006）：281-287.

② MacDonald, G., & Leary, M. R., "Why Does Social Exclusion Hurt? The Relationship between Social and Physical Pain", *Psychological Bulletin* 2（2005）：202.

③ Fratesi, U., "Regional Policy from a Supra-regional Perspective", *The Annals of Regional Science* 3（2008）：681-703.

的剥夺。① 与市场自身无法达成的一体化相比，政策性的市场分割缺乏稳定性。如果政策长期不取消，有可能面临来自市场越来越大的压力。压力的释放有可能是通过地下交易，或者是市场参与者通过各种方式表达政治不满。因此，即使是只从维护社会长期稳定的需要来看，也要减少政府设置的障碍，努力实现真正的城乡一体化。

多年来，主张市场自由和政府干预的两方争吵得非常激烈，无论是国际还是国内，似乎总是难以调和。但是，Fike 和 Gwartney[②]分析了过去文献中出现的 23 种涉及公共选择的原因，发现市场失灵和政府失灵的情况都存在，而且市场失灵的情况更多。说明市场与政府的资源分配都存在一定的问题，应该避免片面宣传。政府与市场同时存在失灵的状况在我国三农问题的讨论中也有所体现[③]。城乡一体化的动力可以同时针对两个方面的障碍：克服市场之间的自然屏障和政策设定的人为屏障。

二 我国城乡关系发展类型

我国在改革开放期间提出的取缔城乡二元分割的思路可以说是对计划经济时期人为阻止城乡要素自由流动做法的政策反转。城乡关系大致可以分成"乡育城市、城乡分离、城乡对立、城乡融合（即城乡一体化）等几个阶段"[④]。但是，我国的城乡关系，似乎并

---

① 邓大松、胡宏伟：《流动、剥夺、排斥与融合：社会融合与保障权获得》，《中国人口科学》2007 年第 6 期，第 14~24 页；李秉勤 & Piachaud, D., "Urbanization and Social Policy in China", *Asia Pacific Development Journal* 1 (2006): 1-26。
② Fike, R. & Gwartney, J., "Public Choice, Market Failure, and Government Failure in Principles Textbooks", *The Journal of Economic Education* 2 (2015): 207-218.
③ 高艳梅、李景刚、汤惠君：《农村集体建设用地流转中的政府失灵和市场失灵及制度改革》，《农业现代化研究》2013 年第 3 期，第 20 页。
④ 任保平：《城乡发展一体化的新格局：制度、激励、组织和能力视角的分析》，《西北大学学报》（哲学社会科学版）2009 年第 1 期，第 14~21 页。

没有完全城乡分离阶段，城乡对立也只是在这些年城乡接合部的利益纷争中有所体现。我们能够见到的更多的是乡育城市，即乡村对城市发展的支持作用。

从计划经济时期的做法来看，计划者根据理想中的合理布局来直接进行城乡要素配置。在改革之前，我国实行城乡二元分割的发展模式，以重工业为主的工业生产集中在城市，其核心是为了降低工业生产的成本[①]。遵循这个逻辑，工人的生活服务于工业生产，农村服务于城市。为了集中优势资源于城市（包括人力资源和服务资源），政府设立了严格的人口流动控制政策。这样做的目的，是让人口的分布服务于城市对工业发展和低成本劳动力的需求[②]。我们应该注意到，计划经济时期，城乡经济的制度安排采用的是由计划者设计出的城乡资源统筹模式，是为了服务城市。此时的社会福利等政策也是服务于这个经济协作思路。在城市以单位为核心的社会福利和服务提供来支持城市重工业为主的发展方向。这个做法可以防止经济资源和社会福利资源流到政府希望发展的行业和城市职工群体之外。另外，"文革"前后的上山下乡运动，很大程度上也是出于缓解城市就业难题的动机[③]，也是乡村辅助城市的一个例子。当然，乡村支持城市的思路在计划经济后期受到严重挑战：政府主导的城乡分隔和差别待遇最终导致农村经济难以为继。因此，单纯地把这个阶段视为二元分割是不够准确的，因为这个理解淡化了在计划经济体制下城市对农村的主动剥夺，淡化了农民对中国城

[①] 陆铭、陈钊：《城市化、城市倾向的经济政策与城乡收入差距》，《经济研究》2004年第3期，第8页。
[②] 袁政：《市场能否合理调节人口的区域再分布》，《中国人口科学》2001年第5期。
[③] 潘鸣啸：《上山下乡运动再评价》，《社会学研究》2005年第5期，第6页。

市工业发展做出的贡献。从某种意义上,这也是城乡统筹的一种表现形式,只不过出发点是城市利益。

与此相对应,改革开放初期主要是通过放松政府管制,降低前期由于政策人为制造的城乡间物资和劳动力流动的过高交易成本来实现城乡市场经济的一体化[1]。这个思路与新自由主义不谋而合。新自由主义崇尚自由竞争,与之相适应的城乡一体化意味着要通过全面的市场化实现要素与劳动力的自由流动和产品服务的市场竞争。在这个过程中确立城市和乡村的比较优势,从而实现生产资料的合理配置[2]。这个主张的核心是从资源、劳动力到产品和服务的计划分配状态改为市场分配。在城乡之间通过经济行为体的逐利行为实现相关市场的一体化。因此,实现一体化的过程意味着减少过去政府对生产要素(包括人口流动)的干预,减少政府对市场活动的直接干预。在这样的制度安排下,我们应该可以看到城乡之间的产业分工日趋明显和稳定,劳动者报酬由于劳动力的自由流动趋于平等,产品和服务顺应居民的需求。根据刘易斯拐点的预测,当城市完全吸收乡村剩余劳动力的时候,就会出现劳动力成本同步上涨的情况[3]。到这个时候,即使没有政府干预,也有可能实现城市共同富裕的局面。

但是,我国的经济体制改革并没有止于市场化,而是跨进政府主导的"市场化"。虽然改革中新自由主义占据了重要的地位,自由的市场经济很快被国家的经济发展战略所替代。特别是在中

---

[1] 厉以宁:《改变城乡二元经济结构意义深远》,《中国经贸导刊》2004 年第 3 期,第 10~11 页。
[2] 顾益康、邵峰:《全面推进城乡一体化改革》,《中国农村经济》2003 年第 1 期,第 20~26 页。
[3] Lewis, W. A., "The Dual Economy Revisited", *Manchester School* 47 (3): 211–229.

国加入世界贸易组织，经济全面对外开放之后，这个特征变得日益明显。出口导向的发展战略在经济上的表现是出口产业得到各种优惠，政府为外贸和从事出口的企业和外来资本大开方便之门，甚至提供各种补贴和让利[1]。从社会发展方面，仍然走的是重生产、轻生活的路子。生产者关注的主要是国际市场的需求。不能否认，在满足国际市场需求的同时，中国消费者，特别是城市中产阶级消费者也有了更强的购买力，开阔了眼界、增加了选择，与计划经济时期的情况大不相同：政府更多地通过间接手段引导而不是直接指定企业的经营活动。在这个战略背景下，城乡关系表现为：力图符合外向型经济发展的经济布局，通过鼓励城市对农村劳动力的吸纳、城市向周边的扩张，以及城市对周边乡村土地资源的获得，来满足企业的生产和经营需求。例如，通过设立开发区集中为企业提供廉价的土地、基础设施和相关服务。发展城市商业中心，同时将居民区和工业生产向城郊和乡村推进。如果只考虑城市，这似乎是由于城市发展的需要而形成的城市化。但是，由于地方政府存在追求经济增长，而吸引外来投资从事出口产业能够获得多方面的政府支持，城市和乡村的交易并不是基于市场交换的，而是城市在这个过程中无论从经济上还是行政上均得到了地方政府的大力支持甚至优惠待遇。而农村进城的劳动力没有得到和城市就业者相同的待遇，被强征土地而失去生计，这种现象在2000年前后得到政府相当多的容忍甚至协助。在这样的政策激励下，城市不断向外扩张，农民进城打工，城郊农民虽

---

[1] 郭克莎：《中国工业发展战略及政策的选择》，《中国社会科学》2004年第1期，第30~41页。

然失去了土地，但是获得经济补偿变成了城市居民。这个思路表面上是有利于市场发展，实际上包含了相当多的政府介入，是介乎市场经济与计划经济之间的做法。从某种意义上是通过政府的资源调配能力，加速竞争优势的形成。这与过去人为限制农村人口收入，便利城市工业发展的政策逻辑在本质上是非常相近的，只不过发展战略从强调进口替代的封闭型经济转向了出口导向的外向型经济。体现在城乡关系方面，仍然保留了城市优先于农村成为经济发展的核心，在生产与生活的关系方面，过去的重工业和现在的出口部门的生产优先于针对国内的消费品和服务生产的发展。但是，城市优先论不一定保证城市居民都受益。从改革开放之初到2005年前后，城市经济经历了激进的市场化改革、国企改革的失业下岗压力。在这个过程中，下岗失业者成为城市的新贫困群体[1]。在城乡经济中，都是把"人"视为生产要素，并没有对劳动力作为"人"的自身需要有更多的考量。因此，劳动力的生活质量以及非劳动力人口在城市经济发展过程中的地位和待遇并不是政策重点。

城市劳动力市场的开放虽然便利了劳动力从乡村到城市的流动，但仍然是有控制的流动，即使到2014年的户籍改革，农民在城市落户还有相当多的限制，特别是在大城市。反过来，城市人口也无法变成农村人口，这很大程度上是和土地使用权尚不能自由流通、农村房产不能方便转让、城市户籍不能便利地转换成农村户籍有关。城市劳动力转换成农村劳动力在目前来看尚未成为重要的社

---

[1] 彭华民、刘军强：《城市新贫穷社群的形成——以天津秋风里社区为例》，《中国社会保障》2006年第1期，第22页。

会议题。但是，从世界发达国家的发展历程来看，城市化到了一定阶段，往往会出现人口向乡村或者城郊的流动。这个流动人口不一定是原来移出的，很有可能是城市中产阶级的成员，或者退休的老年人[①]。这样的趋势目前在中国也开始出现了，一方面，城市中产阶级渴望有机会暂时离开繁忙的城市到乡间从事休闲农业[②]和为了改善居住条件到小地方定居或者在不同地区之间进行候鸟式养老[③]。另一方面，大规模企业化农业生产的发展意味着投资者希望能够获得规模化经营的土地[④]。这样，如果没有政府的干预，从偏重城市发展到城乡共同发展，也会是城乡关系下一阶段的主要趋势。在这个过程中，乡村长期以来所面临的不利地位有可能因为农民对土地所有权的把握得到逐步扭转。例如，城市中产阶层对乡村生活的向往有可能为农村带来旅游农业收入，并促成农村生活类的基础设施得到改善。但是，如果单纯依靠市场扭转这个局面，这个过程有可能比较长，在实现最后的扭转之前，也有可能面临较为艰难的社会困境。

---

① Miller, R., "The Hoover® in the Garden: Middle-class Women and Suburbanization, 1850–1920" *Environment and Planning D: Society and Space* 1 (1983): 73–87; Watt, P., "Living in an Oasis: Middle-class Disaffiliation and Selective Belonging in an English Suburb", *Environment and Planning A* 41 (12): 2874–2892; Short, J. R., Hanlon, B. & Vicino, T. J., "The Decline of Inner Suburbs: the New Suburban Gothic in the United States", *Geography Compass* 1 (3): 641–656.
② 朱华武等：《湖南省休闲农业发展战略与空间布局探讨》，《经济地理》2013年第6期，第132~134页；冯建国等：《大城市郊区休闲农业园发展类型探讨——以北京郊区休闲农业园区为例》，《中国农业资源与区划》2012年第1期，第23~30页。
③ 黎莉等：《从旅游业角度看海南"候鸟式"养老的发展》，《地域研究与开发》2015年第1期，第100~104页。
④ 洪银兴、陈雯：《城市化和城乡一体化》，《经济理论与经济管理》2003年第4期，第5~11页。

三 当前城乡一体化面临的挑战

城乡一体化虽然早就提出,但是城乡关系反复地在实践中演变成了农村支持城市或城乡对立的模式。这说明我们需要关注政策过程本身,看看是什么样的因素使政策自动偏离或者回归城乡不能协调发展的起点。

可以看到,在 2005 年之后,政策转向对农村较为有利。一系列的改革措施减少了农民的负担。但是在这个时期,由于各地拆迁征地加速(见图 4-1、图 4-2),失地农民人数在 2011 年达到 4000 万~5000 万,每年还有 300 万人左右的增量[①]。

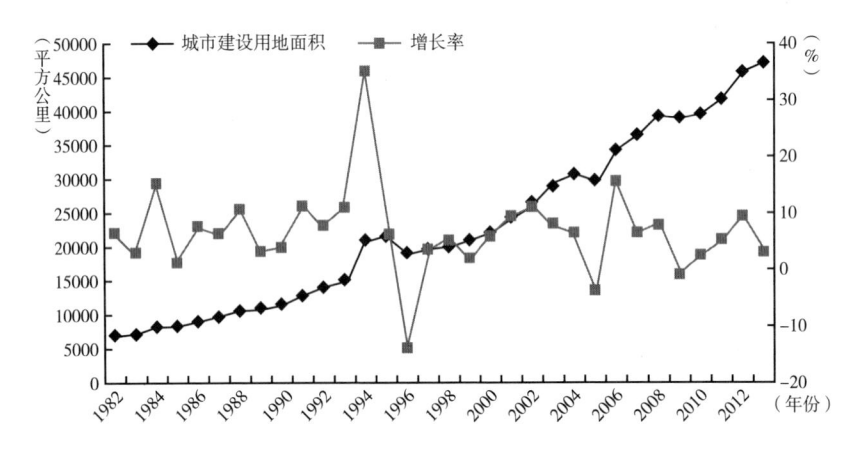

图 4-1 城市建设用地面积及其增长

资料来源:《城乡建设统计年鉴》(2013)。

在关于土地的城乡对抗过程中,城市逐步认识到应该提供适当的征地补偿,土地交易的谈判关系由此确立起来。自 1990 年开始,

---

① 杨文健、仇凤仙、李潇:《二元困境下的失地农民土地换保障问题分析》,《公共管理学报》2013 年第 1 期,第 71~78 页。

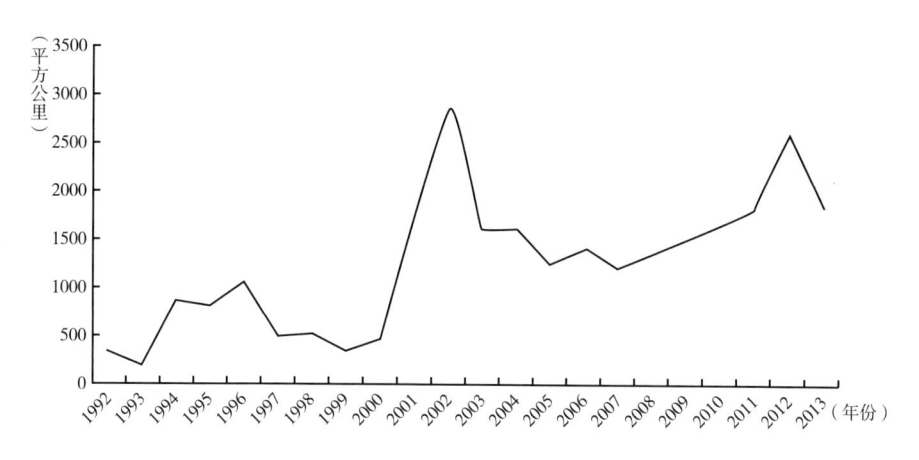

图 4–2　全国征用土地面积

资料来源：《城市建设统计年鉴》(2013)。

中央政府提出政府征用农村宅基地应该有偿。1992年征地补偿政策也开始适用于集体建设用地。这种模式虽然从理论上讲是双方资源的交易行为，但是其核心也是把被征地拆迁者的诉求简单地视为"要更多的钱"，所以征地方的出发点是如何能够花尽量少的钱尽快地"买"下这块地。如果农民在这个交易中是独立的个体，可以与征地方通过平等谈判得到自己能接受的土地回报，恐怕就不会有太多的征地矛盾。但是，由于农民土地并不是严格地归个人所有，征地决策往往并不是出于农民自愿。由于农村土地产权（包括宅基地）归集体所有，在征用过程中要由村干部代表谈判。这个制度设计本身就会产生负面激励。作为征地的地方政府，与村干部谈判的效率要远远高于与村民逐个谈判的效率。而村干部在谈判过程中往往不顾被征地拆迁者未来生活所面临的不确定性，甚至有可能把个人利益放在村民利益之上[①]。表面上，农民对抗拆迁征地是他们认识到

---

① 邢朝国：《村民自治与征地补偿费的村级分配》，《社会学评论》2014年第2期，第82~89页。

自己所占有的土地价值，不断地要求更多的现金和福利补偿，实际上也有农民对自己在整个的决策过程中缺乏实际的发声渠道，觉得没有得到应有的尊重，而导致"负气"上访的因素①。

在2008年经济危机发生之后，政府进一步意识到中国经济无法单纯地依赖国外市场对产品的需求。不能有效地培育国内需求，经济增长在国际市场衰退的背景下会难以为继。有效需求的形成途径，在短期内是通过大力推动公共和基础设施投资来维持经济稳定②。从长期看，这个做法很难持续下去：一方面会造成通货膨胀，另一方面乡村经济的造血机能和社会发展并没有真正得到实现。但是，由于地方政府同时面临如何摆脱城市经济增长乏力的困境。结果，城乡一体化自然而然地被演变为振兴城市经济的一体化。即使在媒体上，把农民工变成城市中的消费群体（甚至购房群体），把农村变成城市工业品的消费市场等说法都不断出现③。诚然，要提高农民工和农民的消费能力，就必然要提高他们的收入和社会保障水平，使他们摆脱后顾之忧，从而降低他们的储蓄率。不过，这个思路仍然是城市中心思想。在这样的思想指导下，仍然不会发生相应的政策扭转。

当然，这不排除在过去的一些年里各级政府专门针对农村发展提出各种有利于农村发展的政策。而是在城乡一体化政策，即使出发点是城乡中立，也会在实施过程中通过体制和过程的过滤被转变成农村受损的结果。出现这种现象，说明左右政策走向的原因不一

---

① 韩晓燕、田晓丽：《当下情境，文化与选择性注意：长期上访户的认知》，《清华大学学报》（哲学社会科学版）2015年第2期，第9页。
② Li, B., Mayraz, G., "Infrastructure Spending in China Increases Trust in Local Government", *Social Indicators Research* (2015): 1–16.
③ 刘成斌、周兵：《中国农民工购房选择研究》，《中国人口科学》2015年第6期，第100~108页。

定是没有想法，而是制度设计使然。在全国各地积极推进新型城镇化的大背景下，寻找新的途径来解决城乡一体化所面临的各种矛盾就变得非常紧迫。什么样的制度设计能够真正解决这些问题是值得深入研究的问题。

第二节 厦门城乡一体化的进程和相关政策

厦门城乡一体化过程中所面临的问题可以说是全国城乡一体化各种问题的一个缩影，同时也带有一些特殊性。

1999年，厦门被确定为全国首批九个征地制度改革试点城市之一。2002年，国土部办公厅批复了《厦门市征地制度改革试点方案》，从此征地拆迁数量大幅增加。2003年，厦门市政府提出以"四化"为核心的农村城市化战略："居住社区化、就业非农化、资产股份化、福利社保化"，意在推进岛内和岛外的农村城市化。这一阶段，厦门一体化建设的目标是最终基本消灭农村，把厦门绝大部分现有的农民转变为市民。这一时期统筹城乡发展政策都要围绕一个最基本的目标：积极稳妥地促进"村民"向"市民"的转变，最终实现厦门全市的城市化。主要做法是实行村改居。如图4-3所示，厦门的行政区结构在过去十几年里发生了很大变化。2001年村委会多于居委会，到2014年社区居委会数量远远超过村委会数量。村改居过程中，农民的土地被征收。2007~2011年，厦门土地征收面积达7409.78公顷，其中耕地面积4753.84公顷[①]。

[①] 厦门市财政审核中心：《审核中心失地农民调研报告》，http://www.xmcz.gov.cn/Item/48994.aspx，2013年。

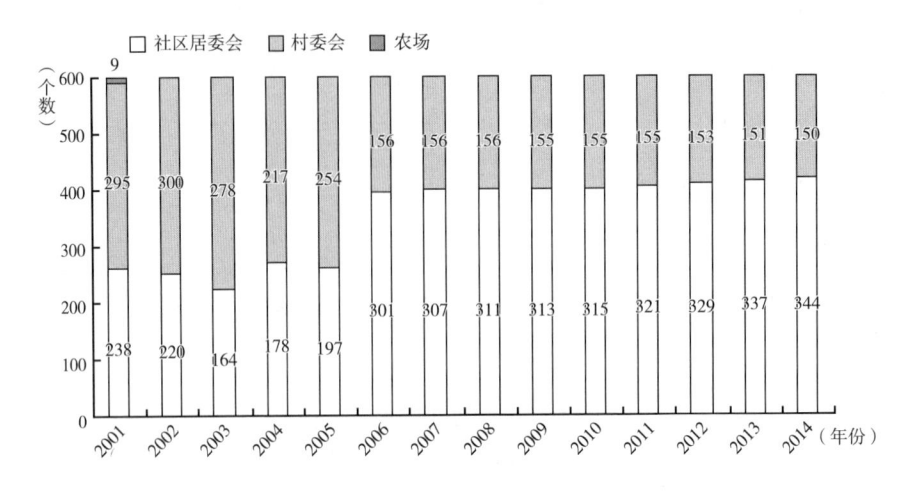

图4-3 厦门行政区设置的变化

资料来源：根据厦门统计局特区年鉴（历年）刊登的数据绘制，http://www.stats-xm.gov.cn/tjzl/tjsj/。

在厦门大力推进农村城镇化的政策引导下，我们可以看到，厦门的农用地面积逐年下降，从2005年的1154平方公里减少到2012年的不到1000平方公里。与此同时，全部建设用地从2005年的364平方公里增加到2012年的530平方公里。城市建成区也从2005年的127平方公里增加到2012年的264平方公里。相比之下，工业用地虽然也在同一时期从24平方公里增加到了78平方公里，但是在全部建设用地中所占的比重并不是很大（见图4-4）。说明厦门建设用地的增加来源除了城市建成区的扩展之外，很大一部分是来自城市以外的土地对建设的贡献。

从人口的城镇化来看，厦门市内部的城镇化有几个层次和阶段。最初是厦门岛内地区本身的城镇化，一方面岛内城区土地向岛内乡村扩张，岛内农民就地城市化；另一方面，岛内农民也有人进城打工。这部分城镇化在改革开放以后相当长时间内都是厦门城镇

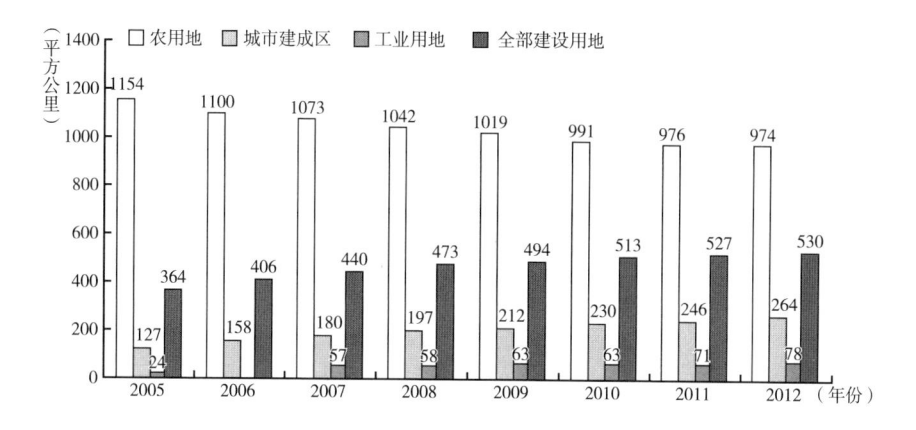

图 4-4 厦门市土地面积的变化情况

注：图中数据为分项数据，类别之间有交叉。厦门全市可利用土地面积为1699.39平方公里。

资料来源：根据厦门统计局特区年鉴（历年）刊登的数据绘制，http://www.stats-xm.gov.cn/tjzl/tjsj/。

化的重要组成部分。这一时期，岛外城镇化主要体现在岛外农村人口向岛内的主动转移，进程较为缓慢。到了21世纪初，就地城镇化成为厦门城市化的主要特点。这是以政府主导的，由兴建开发区作为龙头、以拆迁征地为主的城镇化。在这个过程中，原来的"村"直接改为"居"。对于村改居过程中实现城镇化的人口来说，这是被动的城镇化，而不是由于农村工业化得到发展而自动实现的城镇化①。下发征地、拆迁补偿款199.92亿元，补偿安置农业人口121296人。如图4-5所示，2003~2014年厦门的常住人口从将近250万增加到381万，如果只看户籍人口，厦门的总户籍人口即使在政府推进村改居最为激烈的2006年（100多个村转居，涉及超过24万人）也保持平稳，城镇户籍人口并没有出现跳跃性的增

---

① 丁少群、王信、林平忠：《厦门农村就地城市化的难点及对策》，《集美大学学报》（哲学社会科学版）2008年第4期。

加，反而 2006~2008 年的增速有所放缓。这说明土地城镇化带来的人口迁入城市的速度比城镇真正接受这些人口为城镇市民的动作要快。据丁少群等的分析，这一阶段岛外的城市化慢于岛内，主要原因在于厦门的城市化进程主要是被动城市化，即农民并不积极实现就地城市化。他们主要走的是进城打工模式①。2008 年以后有了比较快的调整。这也反映了同一时期，各级政府认识到对农村人口的城镇化有可能增加内需，缓解国际经济危机带来的压力。从地方政府视角，加速人口城镇化也有助于增加政府可以支配的土地。但之后又继续处于平稳增长的状态。到 2014 年底，厦门户籍人口占厦门本地人口的 88% 以上。

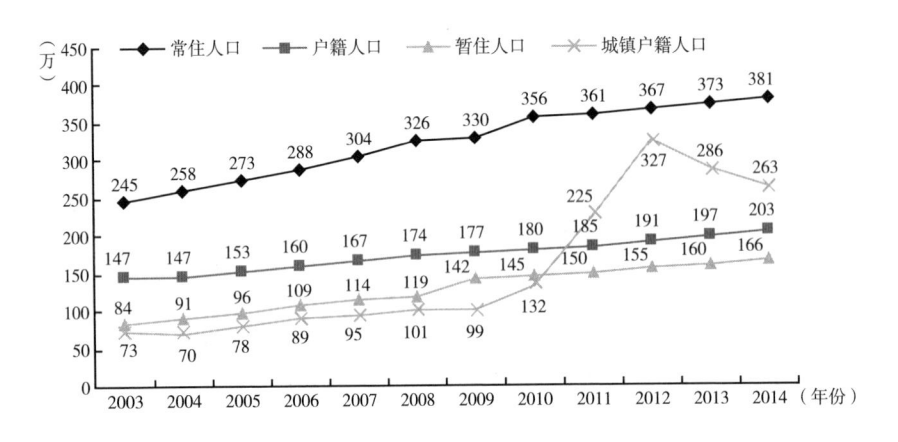

图 4-5 厦门的人口变动情况

资料来源：根据厦门统计局特区年鉴（历年）刊登的数据绘制，http://www.stats-xm.gov.cn/tjzl/tjsj/。

早在 2007 年，贺东航和洪英士就对厦门城乡一体化的表现做了评述，认为厦门岛内外的城乡一体化面临一系列的体制性障碍，

---

① 丁少群、王信、林平忠：《厦门农村就地城市化的难点及对策》，《集美大学学报》（哲学社会科学版）2008 年第 4 期。

特别是城乡二元体制造成的岛内外分割①，结果就是岛外人口大量涌入岛内打工，而岛外发展缺乏动力。2010 年前后，许经勇也提出类似的观点，认为厦门岛内外实现城乡一体化面临着征地拆迁困难以及失地农民和富余劳动力转移困难②。

相比之下，厦门推进城镇化的速度在全国也是比较快的。为了缓解城镇化带来的压力，厦门推出了几项政策。

1. 征地补偿

厦门市的征地补偿款由土地补偿款、安置补助费、青苗及地上附着物补偿费、水利设施摊销费组成。在征地补偿款中，安置补助费、青苗及地上附着物补偿费发放给被征地农民，水利设施摊销费根据投资情况补偿给投资人。土地补偿费根据各村集体经济组织的具体情况，采取灵活措施分配使用，有的按 100% 足额发放给被征地村民；有的按 70% 发放给村民后，其余部分在被征地农民自愿的前提下，留于村集体资金主要用于村集体发展经济、参加保险、村集体内部公共设施建设等③。

2. 利用"金包银"工程提供就业机会

"金"（金边）是指紧邻工业集中区的村庄外围。这里人口相对集中，住宅密集。在工业园区的规划征迁中给村庄预留出平均每人 15 平方米的发展用地，用于为工业区提供配套的生活服务设施。"银"（银里）是指在紧邻工业集中区的地方实施环境整治和改造。实施"金包银"工程的目的在于为被征地农民提供一套自有住房、

---

① 贺东航、洪英士：《厦门岛外城乡一体化问题研究》，《中共福建省委党校学报》2007 年第 6 期，第 44~49 页。
② 许经勇：《逐步破除厦门岛内外一体化的体制性障碍》，2010 年。
③ 厦门市财政审核中心：《审核中心失地农民调研报告》，http://www.xmcz.gov.cn/Item/48994.aspx，2013 年。

一套出租公寓、一份股份收益。这样做的目的是保证城镇化过程中失地农民失去土地却不致失去收入来源①。

3. 推行被征地人员保险制度

从 2009 年 5 月 9 日开始，厦门市政府颁布《厦门市征地人员基本养老保险办法》，明确规定以村（居）民小组或村（居）委会为单位办理参保，同一经济单位、同一年龄段人员执行统一缴费标准。每个被征地人员能享受一份基本养老保险金。目前已有部分被征地农民开始按月领取养老金②。

但是，需要注意的是，近年来并不是所有农村人口都有兴趣转成城镇户籍，特别是农业经济和集体经济发展势头良好的地方。虽然，很多厦门本地的农民可能已经进城打工，保持农民身份能保证他们同时也是农村经济发展的受益人。因此，打工收入与农村家庭和集体经济收入加在一起不一定低于完全城镇化之后的打工收入。这在过去的厦门岛内地区尤为突出。主要原因是岛内居民在征地拆迁之前能够获得大量的租金收入。但是拆迁之后，他们的打工收入完全无法替代租金收入③。

此外，随着前些年厦门城市化加速和经济增长强劲，农民对自己的土地价值也有了更多的认识。城镇化往往需要地方政府做很多工作，"说服"农民才能实现。在新近城镇化的社区中，也存在诸多的矛盾，城镇化的农民并不"感恩"。这恰恰体现了农民希望在整个政策过程中有更多的话语权，农民需要有更多的利益代表。对

---

① 陈金田：《失地农民留地安置的个案研究——对厦门市"金包银"工程的分析》，《中国农村观察》2006 年第 4 期，第 56~64 页。
② 厦门市财政审核中心，2013。
③ 厦门市财政审核中心，2013。

于这一点，厦门市政府在 2011 年明确表示已经意识到这个问题的存在：

"失地农民的民主权益缺失突出表现在土地征用过程中公众参与程度不高，缺乏透明度。在征地程序上，农民作为土地的直接使用者，完全处于被动地位，从土地征用的认定到补偿费的确定、分配和劳动力的安置等，都是政府和有关部门说了算，农民根本没有机会参与征地的谈判协商。调查显示，超过 60% 的被调查农户认为政府的征地制度不完善或者很不完善。一部分农民失去土地后，由于经济上受到损失，生活上没有着落，他们就会表现出对生活前景的彷徨、焦虑，甚至失去信心。如果征地过程中或失地后生活出现问题，如补偿款不到位，或安置方式不能满足要求，或出现贪污腐败现象等，这些都可能导致失地农民的不满，引发上访现象。在调查中，当受访者被问及'什么方法可以解决失地农民问题'时，有 80% 的受访者认为是要'建立失地农民权益保障的长效机制'。"

我们可以看到，在城镇化过程中，农民的诉求已经不仅仅是在财务方面，他们需要有更长久的生活保障、更多的就业机会。生活的巨大变化带来心理上的压力，加之缺乏信任，他们有更强烈的表达诉求。而在官僚体系的治理框架下，对此缺乏有效的制度保证。而厦门市政府对这个问题的公开阐述意味着解决相关问题的政治意愿是存在的。但是，仅有政治意愿还不够，还要回答应该采取什么样的治理模式的问题。

第三节 地方治理的不同模式

城乡一体化的政策过程在不同利益群体中自动倾向于一个人群，或者一种类型的利益，往往与利益相关者的发声能力和渠道的不平衡有关系。如果要扭转这个状况，需要在既有的城市中心论的政策过程中更多地引入不同群体的声音，并加强各个群体的发声能力。相关的政策过程可以有不同的模式，往往是与各种类型的民主决策的引入有关。例如：平等的民主选举机制，协商与参与式的政策制定和执行过程，等等。这些民主过程的设计需要能够体现更加具有代表性的发声渠道和作用机制，通过程序的正义性来提高认识和化解利益群体之间的矛盾。宏观地看，在我国现有的城乡一体化的治理体系中，城市政府和工商业利益有较强的声音，这和我国奉行政府推进的、以经济发展为龙头的发展模式是有关系的[1]。在这样的体系中，政府往往代表商业利益，甚至也积极通过商业利益来获利。这样，不仅仅是农村，就是城市居民的声音都相对弱势。现在一些城市已经有了政策和建设项目的听证制度，由于存在信息不对称和程序设计上的诸多问题，社会参与并不十分积极[2]。农村建立基层民主制度虽然已经有了一段时间，但是农村干部似乎并不能很好地代表农民的利益[3]，甚至其中有可能在与城市的博弈中成了牺牲村民利益的人[4]。结果往往是农民和农民工还是面临自身利益被城市扩张所挤压的困境[5]。因此，在现今

---

[1] Li, B., "How Successful Are China's Public Housing Schemes", in Litao Zhao ed., *China's Social Development and Policy: Into the Next Stage?* (London: Routledge, 2013), p. 115 – 140.

[2] 成洁、赵晖：《我国公共听证制度的困境与突围》，《江海学刊》2014 年第 2 期，第 209 ~ 214 页。

[3] 刘党阳：《农村社区公共权力非制度化运行问题探讨——基于华中宛村的调查》，《云南社会主义学院学报》2015 年第 4 期，第 150 ~ 154 页。

[4] 贺雪峰：《是谁在当村干部?》，《决策》2015 年第 10 期，第 10 页。

[5] 贾立斌：《基于城乡统筹视角的土地集约利用对策研究》，《安徽农业科学》2015 年第 8 期，第 4877 ~ 4880 页；王键、周润山：《发展重点中心镇降低农民进城门槛——青岛推进新型城镇化的路径探索》，《地方财政研究》2012 年第 4 期，第 33 ~ 36 页；黄林秀、唐宁：《城市化对农村居民生活质量影响的实证研究》，《西南大学学报》（社会科学版）2012 年第 2 期。

城乡一体化的进程中,如何引入新的机制以更有效地将各个利益相关者的声音引入决策过程中是一个非常重要的挑战。

一 协商民主

协商民主在近年来得到了更多的关注,所谓的协商民主在国际上也有很多讨论。其主要注意力放在能够维护自身独立和平等的公民通过动用协商和选举等工具在尽量寻求共识的基础上实现决策。也就是说,给利益相关者充分的机会表达自己的意见,试图说服彼此,如果仍然不能达成一致,再通过投票来决定。这样,只要参与各方有合作互惠的精神,保持开放、公开的作风,并兑现承诺,就有可能做出经得起质询的决策[1]。这样的决策过程中决策者的身份变成了协调者,认识到各种不同利益的存在,并努力倾听他们的声音。这样的政策过程能够体现被社会所忽视的群体,边缘化的群体和与其他群体交往不多的群体的诉求[2]。此外,协商民主过程本身也是对公民授能的过程。通过参加民主议事,公民成了整个体制中的积极参与者,这样也会进一步培养他们的公民意识和议事能力[3]。不过,学术界对于协商民主是否真如理论说得那么好也有很多争议。即使有机会表达,并不是所有的人都有同样的表达能力,往往是口才好的人能获得更多的利益[4]。同时协商民主为了能

---

[1] Gutmann Amy and Dennis Thompson, *Why Deliberative Democracy*? (Princeton University Rress, 2004): 3-7.

[2] Ozanne, J. L., Corus, C., & Saatcioglu, B., "The Philosophy and Methods of Deliberative Democracy: Implications for Public Policy and Marketing", *Journal of Public Policy & Marketing* 28 (1): 29-40.

[3] Pimbert, M., & Wakeford, T., "Overview: Deliberative Democracy and Citizen Empowerment", *PLA Notes* 40 (2001): 23-28.

[4] Benoit-Barne, C., & Hauser, G. A., "Reflections on Rhetoric, Deliberative Democracy, Civil society, and Trust", *Rhetoric & Public Affairs* 5 (2): 261-275.

够顺利进行，必须要设定一系列的议事规则，而这些议事规则也有可能影响到决策结果。最终，协商民主还是很难躲过投票这个环节。而且在这个过程中还有可能导致民众和政府、利益群体之间的关系更加恶化。[1] 很显然，是否相信协商民主能够发挥比投票民主更好的作用与相关程序的设计、参加者的能力都有很大关系。而从根本上看，是否支持协商民主决策过程则体现了一个人是否认为协商沟通有助于化解分歧。

二 共同生产

除了决策之外，在公共生活空间，还出现了"共同生产"的理念。所谓共同生产就是在公共服务提供领域，放弃政府直接提供或者完全依靠私人市场提供的方式，充分利用社区自己的资源，由社会成员以平等互惠的方式参与，用社会成员拥有的资源和技能来实现自我服务和自我提供。在这个过程中，专业人士，包括政府官员、工程技术人员，与公民共同规划和提供服务。专业人士与普通公民彼此尊重，认识到双方在改善社区生活质量中的重要作用。这个理念经由诺贝尔奖经济学得主Ostrom 的推介，成为近年来国际公共政策领域的时髦话语和重要治理观念。[2] 在发达国家，共同生产在自然资源的管理、公共学校的管理、社区公共空间的管理中都得到一定的实践。它促成了一种不同于传统提供模式的观念，从根本上改变了服务提供者

---

[1] Blattberg, C., "Patriotic, not Deliberative, Democracy", *Critical Review of International Social and Political Philosophy* 6 (2003): 155–174.

[2] Ostrom, E., "Crossing the Great Divide: Coproduction, Synergy, and Development", *World Development* 24 (1996): 1073–1087.

和用户之间的关系,政府不再是唯一的提供者,公众也不再坐享其成。在发展中国家,共同生产在基本公共服务和社区基础设施以及贫民窟改造中发挥了重要作用。与政府和企业提供相比,共同生产首先利用社区成员所掌握的技术和供货资源,可以实现以较低成本完成相关项目。这种提供模式在政府支出意愿不足的领域能够有很好的调动政府积极性的效果[①],同时居民共同参与规划和提供,能够大大提高社区居民的认同感,从而能够发挥和谐社会的功能[②]。

当然,共同生产也受到不少的批评。

(1) 共同生产不应成为政府削减服务和经费的托词。近年来,欧洲的政府为了削减经费,把共同生产变成了居民自我服务提供,借机会退出了原本由政府提供的服务,不给居民和志愿者任何支持和帮助。Rosol 跟踪了德国柏林公共绿地维护的共同生产模式。最终,志愿者无力承担这个任务,绿地变成了荒地[③]。相比之下,在东南亚和南亚国家,共同生产出现了几个著名的成功案例:巴基斯坦的 Orangi Pilot Project 用于社区基础设施的提供,巴基斯坦的一些老城区改造成旅游景点的项目,尼泊尔的山林恢复和维护计划,等等。这些成功案例的共同特点是:共同生产的思路首先来源于居民,居民从中看到自己的生活和收入能够得到改善,所以有很高的积极性来实施和维护。此外,这些服务原本并不是政府提供,政府

[①] Needham, C., "Realising the Potential of Co-production: Negotiating Improvements in Public Services", *Social Policy and Society* 7 (2008): 221 – 231.

[②] Whitaker, G. P., "Coproduction: Citizen Participation in Service Delivery", *Public Administration Review* (1980): 240 – 246.

[③] Rosol, M., "Community Volunteering as Neoliberal Strategy? Green Space Production in Berlin", *Antipode* 44 (2012): 239 – 257.

来支持这样的活动是顺水推舟之举。而柏林公共绿地的案例是政府退出原本提供的服务。其核心问题在于，出发点不是民意，也没有反映民间利益。

（2）由于各个社区的背景不一样，共同生产的重点和结果也会有所不同。这样就有可能导致资源禀赋不同的社区居民得到不同的设施和服务。或许可以视此为灵活反映地方需要的表现，但是在基本公共服务领域这样做，有可能把社区内处于弱势地位的人的需求排除在外。如果搬家很容易，这个问题影响也不大，居民可以"用脚投票"。但是如果搬家成本高，则有可能导致居民的需要长期无法满足。

（3）一个地方好的做法很难推广到其他地方，因为共同生产是有针对性地利用社区资源。但是，每个社区的成员组成和技能、资源都会存在差异。好的做法推广到其他地方需要满足类似的资源和技能条件。共同生产发最有效的领域是基于较小的社区规模、不是很大的项目。在更大范围内更大规模地实行共同生产则难度非常大，不仅协商成本提高，对个人投入的要求也会增加[1]。

（4）政府传统的资金调拨方式需要得到调整。共同生产不一定要求资金来源都是民间的。相反，政府可以作为一个重要的参加者，对项目提供资金。但是，官僚体系需要有严格的定量目标，并且预算不能随便调整[2]。这常常与地方居民希望把钱花在官僚体系先前确定的服务内容以外的领域产生矛盾。

---

[1] Durose, C., Mangan, C., Needham, C., & Rees, J., "Evaluating Co-production: Pragmatic Approaches to Building the Evidence Base", Institute for Excellence (SCIE) 4 (2009).
[2] Benijts, T., "A Business Sustainability Model for Government Corporations. A Belgian Case Study", *Business Strategy and the Environment* 23 (2014): 204–216.

基于上述讨论，共同生产的模式似乎很难超越社区基层的层面，因此对于城乡一体化这样跨区域性的协调发展问题会面临一定的挑战。

三 共同缔造

近年来厦门政府强力推出"共同缔造"这个概念。根据"美丽厦门 共同缔造"网站的介绍，共同缔造的理念是指坚持党的群众路线，是社会治理体系和社会治理能力现代化的探索。它是一种理念，也是一种工作方法。它在社会治理中提倡"共谋、共建、共管、共评、共享"，核心在于"共同"，基础在社区，关键在群众参与，根本在培育精神。也就是说，政府希望在使厦门这个城市更加美好的过程中，主动发动群众的积极性，希望更多地依靠群策群力来改造厦门。表面上看，这个政策是上文提到的"协商民主"和"共同生产"的治理理念的结合体。但是，进一步看，这个思路与前两者有一定的区别。它植根于走群众路线的思路，是自上而下、政府推进的，即宏观思路是来源于政府，甚至是上级政府。在执行中，政府不仅是共同缔造的提倡者，而且是主要的出资方。此外，共同缔造的制度设计从一开始就不是只针对社区层面的，虽然社区层面的行动和组织被视为这个体系中最重要的层面。因此，它带有更多的"顶层设计"的意味[①]。

我们需要进一步思考的是共同缔造与共同生产是否有本质上的区别，为什么共同缔造会出现在中国的地方实践中，却没有出现在

[①] 何子张：《城市顶层规划编制实践与思考——"美丽厦门"战略规划特征分析》，《城乡规划》（城市地理学术版）2015年第1期，第10~16页。

其他国家，这样的制度设计是否能够克服协商民主和共同生产所存在的局限，在理论和实践上实现真正的突破。

第四节 海沧城乡一体化的案例

本节着重探讨厦门海沧区是如何在实行城乡一体化的过程中应用共同缔造理念的，以及产生的效果。并试图对上节中提出的问题做出回答。虽然前文所述厦门审核中心在2011年的调研中提到，征地拆迁之后的经济收入下降比较多的是岛内地区的失地农民；而岛外地区原本就是以农业为主，农民没有什么租金收入，征地拆迁之后主要在城市就业，反而收入有所增加了。但是，这种现象不一定能够长期持续。原因是厦门岛内地区农村已经基本消失，城镇化和工业化均在岛外地区加速发展。这意味着，越来越多的海沧农民也有机会成为城乡接合部收入不菲的租房房东。那么，征地拆迁的经济和社会成本都会逐步提高。如果不能未雨绸缪，进一步城镇化必然会成为社会矛盾的催化剂。因此，研究海沧的城镇化治理有助于我们预见海沧城乡一体化的未来。

一 2006年以前海沧城乡发展的特点和所面临的问题

海沧区属于厦门的岛外地区，在城乡一体化中走过的道路不同于岛内城市。它的城镇化起步依托于开发区建设。海沧区前身为杏林区。1989年5月，随着改革开放，特别是海峡两岸经贸交流的深入，国务院决定把厦门海沧等地区辟为台商投资区，其中海沧台商投资区规划开发面积为100平方公里，为中国大陆面积最大的台商投资区。1994年6月，对外开放加速。2002年，杏林区行政区划调整：杏林镇新杏村、霞阳村、东孚镇和祥露村划归海沧镇管辖。海沧的发展在早期是以开发区建设为龙头的发展模式。海沧台商投资区，不是完整意义行政区划上的行政区。2003年厦门市区划调整，杏林区的杏林街道办事处和杏林镇划归厦门市集美区管辖，杏林区更名为海沧区，辖海沧、东孚二镇。2004年，海沧区辖海沧、东孚两镇，共28个行政村、2个居委会。2006年海沧区撤销海沧镇建制设立海沧、新阳两个街道办事处。2015年，海沧街道进一步"一拆为二"，增设嵩屿街道，同时改东孚镇为街道，以适应因为人口增加而迅速扩大的社会治理要求[①]。

很大程度上，作为岛外地区，海沧需要协调和厦门市政府的关系，以保证自身的发展能够持续获得来自上级的支持，另外也需要面对岛内因为快速城市化所带来的挑战。

表4-1 海沧区行政区划（2015）

海沧街道		嵩屿街道		新阳街道		东孚街道	
城乡分类	名称	城乡分类	名称	城乡分类	名称	城乡分类	名称
主城区	海沧社区	主城区	鳌冠社区	主城区	霞阳社区	主城区	天竺社区
主城区	锦里村	主城区	石塘村	主城区	祥露社区	主城区	过坂社区
主城区	渐美村	主城区	海发社区	主城区	兴旺社区	主城区	莲花社区
主城区	温厝社区	主城区	海虹社区	主城区	新垵村	城乡接合区	洪塘村
主城区	海兴社区	主城区	未来海岸社区			城乡接合区	寨后村
城乡接合区	古楼村	主城区	贞庵村			城乡结合区	东埔村
城乡接合区	后井村	主城区	海达社区			城乡接合区	山边村委会
城乡接合区	青礁村	主城区	北附小社区			城乡接合区	鼎美村委会
城乡接合区	海沧农场	主城区	钟山社区			村庄	后柯村委会

---

① 厦门市海沧区人民政府：《"海沧街道'一拆为二'：增设嵩屿街道 分辖9个居委会 等》，厦门网，2015年1月17日，http://news.xmnn.cn/a/xmxw/201501/t20150117_4316734.htm。

续表

海沧街道		嵩屿街道		新阳街道		东孚街道	
城乡分类	名称	城乡分类	名称	城乡分类	名称	城乡分类	名称
村庄	囷瑶村	主城区	海翔社区			村庄	东瑶村委会
		主城区	东屿社区			村庄	凤山社区
						村庄	芸尾村委会
						村庄	贞岱村委会

在1994年海沧开发区高速发展之前，海沧的经济和厦门其他岛外地区一样，处于增长乏力状态。在1994年中央领导人做出特别指示之后，海沧快速发展起来。这一时期，海沧城乡一体化所面对的是以农村人口外出打工为主的城市化问题。直观来看，农民进城收入增加，寄回老家贴补家用，有助于改善老家人的生活质量，所以基本上是经济上的受益者。加之海沧开发区和厦门市距海沧的其他地区并不算远，海沧的农村人口还不至于面临像国内其他边远农村的农民那样面临背井离乡长途打工、老人子女长期无人照看的困境，虽然农村老年人的照看也变得日益重要起来。

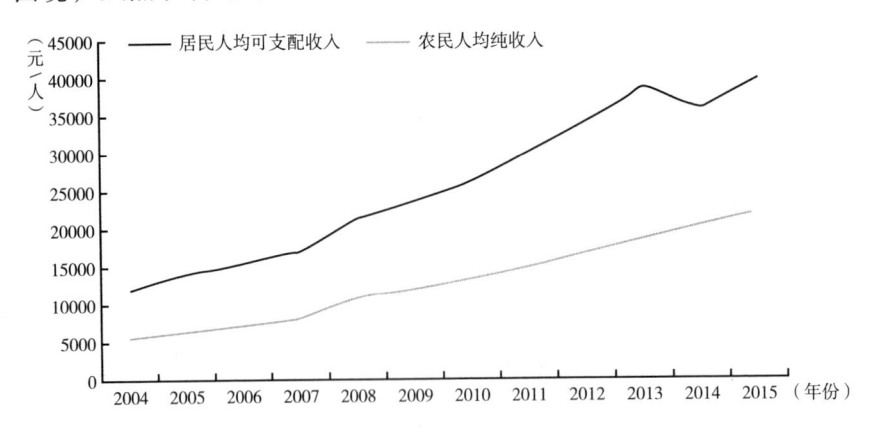

图4-6 海沧区历年人均收入

资料来源：根据厦门统计局特区年鉴（历年）刊登的数据绘制，http://www.stats-xm.gov.cn/tjzl/tjsj/。

不过海沧开发区建设和城市扩张的过程中必须要面临征地拆迁带来的各种问题。贺东航、洪英士在 2008 年发表的文章[①]中谈到厦门在 2006 年之前城乡一体化所面临的几个主要问题，其中对海沧的状况也有所涉及。

1. 过渡性政策多，农民没有安全感。失地农民没有获得市民待遇。无论是居住在保留下来的"城中村"，还是被集中安置在新建的居住小区，他们对自己的未来都充满不确定感。政府制定的"金包银"工程短时期内可以解决失地失海农民的生存问题，但是失地农民过于依靠出租公寓和店面生存，仍然难以融入城市社会。此外，安置房相对集中，公共服务跟不上。失地农民的生活方式包括社区管理方式也仍然保留了农村的生活习惯。小区脏、乱、差，有成为城市贫民窟的危险。

2. 岛外的发展规划中涉及农村较少，而且没有关注城市建设与农村发展的可持续问题，违规利用土地现象非常严重。村庄内违章建筑多，环境脏、乱、差。农村公共物品供给不足，居民生活便利程度并没有因为收入的增加而得到改善。农村社区管理、农民的社会保障制度也尚未健全。

3. 海沧区 35~55 岁初中以下文化程度的人员有 2 万多人，他们大多就业意愿强烈，而且家庭负担较重。但是由于受教育程度低，年龄较大，又没有受过就业技能培训，他们在城市寻求就业的难度较大。

4. 海沧区的霞阳村等地因靠近新兴的工业区，村里的耕地已

[①] 贺东航、洪英士:《厦门岛外城乡一体化问题研究》,《中共福建省委党校学报》2008 年第 6 期, 第 44~49 页。

经基本被征用,建起现代化的工商业设施,因而变为"城中村"。和全国其他地方一样,城中村虽然地处城市,但是治理跟不上,对城市的影响非常大。

这一阶段海沧的城乡发展是乡村提供的廉价土地和劳动力大力支持城市经济发展,但是缺乏对失地农民未来的认真考虑和安排。但是,随着农民意识到可以有更好的解决方案,并表现出对征地的抗拒时,城乡关系有了更多相互对抗的色彩。

二 海沧城乡建设的"六个一体化"思路

所谓的"六个一体化"是成都市在 2003 年以后开始探索城乡一体化模式中推出的城乡一体化框架。全国各地也开始推出"六个一体化"。各地的情况不同,"六个一体化"的内涵也有很大差别。海沧六个一体化的主要内容小结如下[①]。

(1) 城乡规划一体化。高度重视规划先行的作用,将村庄建设规划纳入全区规划中,融合城区定位和农村特点,既体现城市发展前景,又突出农村发展特色,并实现城市带动农村、农村促进城市的互惠互利、联动互动。①城乡规划编制互相融合。在编制总体规划时,注重城乡发展的协调性,抓好城镇化过程中的辖区村庄建设规划编制工作。②城乡规划实施互相促进。注重在实施过程中城乡一体发展的均衡、协调。实现农村城镇化、农民市民化。

(2) 城乡建设一体化。在开展海沧新城建设的同时,稳步推进旧村改造、新村建设,改善村居环境、提高生活品质。加快推进

---

① 厦门海沧区:《全力推进"六个一体化"努力构建城乡发展新格局》,中国中小城市网, http://www.csmcity.com/news/info.php? id = 12453,2013 年。

海沧新城建设的同时开展美丽乡村建设，改善人居环境。同步投入大量人力、物力、财力推动农村建设，实施东孚小城镇建设、农村环境整治等一系列项目建设。

（3）城乡产业发展一体化。①推进城市经济与农村产业实现互补互惠，多角度关注失地农民的就业问题，同时扶植特色农村产业，带动能力较强的农村专业合作社。②高度重视发展农村集体经济，逐步实现农民增收。

（4）城乡基础设施一体化。不断完善城乡交通网络体系、城乡公共设施，并建立起农村公共基础设施维护管理长效机制，改变农村基础设施建设滞后的状况。

（5）城乡公共服务一体化。公共财政投入向民生领域倾斜，实行城乡教育均衡发展策略，实现城乡教育资源均衡布局。以推进医疗卫生体制改革为突破口，不断完善医疗卫生服务体系建设，努力缩小城乡医疗卫生服务的差距。加速推进区、镇（街）、村（居）公共文体设施建设，打造特色民俗文化活动。推动城乡劳动就业、社会保障一体化。

（6）城乡社会管理一体化。实现城乡综合服务一体化、综合管理一体化，构建城乡三级管理网络，依托网格化模式强化社会管理巡查、快速发现、快速查处。

这些政策设计涉及海沧经济社会的方方面面，换一个角度看，它们又可以被视为城市化过程中应对社会矛盾的各种解决办法。核心思路是预防性措施和补救性措施并举。政府在吸引外来投资时主动为农村和农民集体经济创造机会，解决他们的后顾之忧。具体做法有几个方面。

（1）促进外来企业直接惠及本地农民。"金包银"工程相当于让外来资本进入的同时，为本地居民带来直接的商业和服务业机会。但是，这个做法需要外来企业在行为上有所配合。例如，放宽企业员工的生活安排，企业不一定会按照政府的规划来安排其员工的生活作息。政府主动协调企业，劝说他们转变观念，放弃让工人与世隔绝的作息方式，而是充分利用工业区周边的地理位置优势，由当地农民提供的市场化的服务。另外，外来企业不一定愿意雇用当地的失地农民，政府可以采取优惠政策来引导企业雇用失地农民。这样，资本接受地的居民变成了产业落地的直接受益者。

（2）鼓励农民进入城镇经济体系。虽然农民因为拆迁失去宅基地，但是不一定意味着村集体同时被打散。利用剩余的集体土地和资产，农民可以投入工商业运作中，成为海沧城镇经济的一部分。2008年，海沧出台《海沧区村（居）集体经济项目管理办法》，通过设立农村集体经济发展基金，通过国有资本、上级补助来解决集体经济的项目用地，同时建立农村集体经济项目储备库，建成温厝通用厂房、新垵商贸楼、霞阳阳云外口公寓、山边"金包银"外口公寓集体经济项目12个，在建及储备的集体经济项目27个。

（3）促进农业有关的新型经济发展。这个思路与城市中产阶级生活需求多样化，渴望更多地享受优质农产品、接近自然相配合。把农村的生产活动做成与城市发展相辅相成的互补模式。例如，发展特色优势农业，开办"一村一品"特色农村产业项目，提高农业综合效益。扶持休闲农业发展，加强与台湾地区农业交流合作，扶持发展乡村旅游项目，培育一批生态休闲农业示范点；依托自然田园风光，推进大曦山公园建设，打造"天竺山休闲旅游区"，成为大健康产业体系中健康环境的重要组成部分，并扶持培育一批产业特色明显、经营规模较大、带动能力较强的农村专业合作社，带动生态旅游业、商贸零售业等第三产业发展。

城乡一体化面临的重要难题是教育的不均衡。从海沧的发展经历中不难看出，在政府大力推进城市化的过程中，农民进城就业是一个重要的压力。如果不积极改变他们的教育不平等状况，政府在城市化过程中必然面临进城农民就业困难的问题。即要使教育领域资源主动向农村倾斜。通过优质教育资源均衡发展、设施设备均衡配备、师资均衡配置、农村学生享优待等方式，实现城乡教育均衡发展。2012年，海沧教育局与东孚镇签订教育强镇战略合作协议，双方每年各出资400万元作为战略合作专项资金①，该项目在2015年得到续签。加大学校建设力度、全面开放公办学校、机会上平等共享、政策上享受"同城待遇"、扶持民办义务教育、构建立体教育网络等方式关爱进城务工人员随迁子女。通过加大农村公办幼儿园建设力度、改革集体办幼儿园、扶持民办幼儿园发展等扶持学前教育。在合作办学上，对城区和农村地区一视同仁，并适度向农村地区倾斜。在北京师范大学厦门海沧附属学校、厦门外国语学校海沧附属学校、厦门双十中学海沧附属学校、厦门一中海沧分校4所联合办学的学校中，厦门一中海沧分校位于东孚镇（农村地区）②。

通过社会保障的无差别全覆盖保证城乡一体化中无法在前面四个领域受益的人得到基本保障。在2012年1月1日开始实行的《海沧区促进就业和民生保障十大措施》中，海沧区将所有海沧户籍人员全部纳入社会保险补差范围，实现辖区内户籍人员社会保险

---

① 《厦门海沧区东孚吹响"教育强镇"号角》，《厦门日报》，http://www.xmnn.cn/cxzy/dtxw/201203/t20120301_2200202.htm，2012年。
② 《名校名师引进来，海沧教育喜事多——均衡教育跨越发展，优质教育资源将向东孚、新阳、海沧街道倾斜》，厦门网，http://www.xmnn.cn/haicang/2014/hcxxb/201601/t20160112_4812995.htm，2016年。

补贴全覆盖。2014 年，海沧区通过了《厦门市海沧区被征地人员基本养老保险实施办法（修订）》，提高了被征地农民参保财政补助标准。2015 年 1 月 1 日起，对符合条件并按规定参保缴费的被征地养老保险新参保人员可享受的一次性财政补贴由原来的 1.2 万元提高至 2.1 万元，低保对象则由原来的 2 万元提高至 2.9 万元[①]。

三　海沧城乡一体化的管理和治理方式——共同缔造的应用

上述一体化的思路总体上比较清晰，海沧的经济快速发展带来了一系列的社会问题，正视并且想办法解决这些社会问题不但有助于维护社会稳定，而且有可能为海沧经济发展创造新的机会。但是，只看政策本身还不够，我们需要进一步对政策执行过程进行探讨才能判断这样的政策是否有持续性和有效性。

1. 城乡一体化和政府、公众的积极性

城乡一体化需要跨地区跨部门的协调，涉及多方权力和利益的再分配。是否能够依靠既得利益方的自觉自愿来实现改变是个值得思考的问题。事实证明，在前期的经济发展过程中，资源和利益越来越多地向城市聚集，农民和失地农民的被剥夺感较强。要突破这个循环，确实需要观念的转变，意识到农村在城市发展中的重要作用。但是，实现观念的真正转变也需要利益相关者的认同达到一定的临界点才能实现真正的转变。在发展经济学理论中，城乡发展的边际成本和收益会因为要素和资源逐利的过程而自动得到调整，即使没有政府干预，资源也会因为追逐更高的乡村投资收益而转移到

---

① 《海沧区被征地人员养老保险财政补贴元旦起提至 2.1 万元》，台海网，http://www.taihainet.com/news/xmnews/gqbd/2014-12-11/1344764.html，2014 年。

农村。同时，由于农村剩余劳动力进入城市，农村劳动人口的边际回报率也会提高，最终消除城乡收入差异而进入发展的新阶段[①]。但是，对于中国来说，由于前期的城乡差距在很大程度上是政府的政策导向所致，并有相应的制度作为保证。如果政府不主动取消制度障碍，要完全依靠市场来调节，结果可能是所需的认同临界点要远远高于自由市场经济。可是，取消制度障碍往往需要利益相关者改变工作和思维方式。在海沧城乡一体化过程中，障碍表现在以下两个方面。

（1）各级政府的积极性不高。从某种意义上讲，海沧的领导层出于各种考虑，首先意识到要想实现思路的扭转，需要改变城乡之间的不平衡发展，同时也意识到，不改变既有的工作方式，不平衡发展的制度惯性很难扭转，所以希望能够通过自上而下的引导和推动，打破城市中心主义的思维模式，降低城乡一体化的门槛。但是，这个思路不一定能够得到下级政府的理解。一方面各级政府习惯了自己大包大揽，另一方面对群众参与社会治理的能力也并不信任。与此同时，当上级政府要求基层政府为实现城乡一体化做出更多的承诺，同时还不一定增加拨款的时候，基层政府就不会积极配合。

（2）公众的积极性不高。这个角色的转换不仅需要在官员间展开，而且需要公众有相应的改变。习惯了政府提供服务的公众也比较依赖政府的大包大揽，但是这种关系本身容易产生一定问题。对政府的动议，尤其是不能直接带来经济利益的活动，如农村社区

---

① Lewis, W. A., "The State of Development Theory", *The American Economic Review* 74 (1984): 1-10.

改造和环境美化等，公众首先想到的是政绩工程。干群关系反而在政府越做越多的情况下变得越来越紧张，因为有些公共服务和环境美化的项目有可能影响到个人利益。

2. 提高各方积极性的解决思路

Besley 等人研究印度的公共物品提供时也谈到中央和地方由于激励不同而意见不一致、中央政策得不到贯彻的现象。[①] 他们提出，要解决上下级之间的矛盾，需要找到把上级和下级政府变成利益共同体的方式。在财政分权体制下，当地方政府由民选决定的时候，基层官员有可能为了迎合公众对公共产品的偏好而过度投资地方公共物品，或者导致提供的公共物品不稳定性。而本章提到的共同生产模式，恰好在激励机制方面对上述问题提出了解决的途径。公共物品的利益相关者直接参与公共物品的生产中来，让使用者直接投入一定的人力、物力，从而在偏好公共物品投资的情况下，还能自觉自愿地约束成本。

但是，在官僚执政体系内，把地方官员从传统的官僚体系工作方式向共同生产工作方式转换的时候，无法通过选民偏好的变化改变地方政府对公共产品提供的积极性。这时候，如果上级首先意识到有必要改变时，就需要自上而下地推动，把改变工作方式像委派其他工作任务一样地向下灌输。以海沧的实践为例，具体做法如下所述。

（1）大力宣传，使各级政府给予重视。在宏观层面，首先在

---

① Besley, T., & Coate, S., "Centralized Versus Decentralized Provision of Local Public Goods: a Political Economy Approach", *Journal of Public Economics* 87 (2003): 2611 - 2637;
Besley, T., Pande, R., Rahman, L., & Rao, V., "The Politics of Public Good Provision: Evidence from Indian Local Governments", *Journal of the European Economic Association* 2 (2004): 416 - 426.

区委常委会、区政府常务会专门研究和讨论如何实现城乡一体化。其次，责令各级各部门各司其职，在各项政策中都把城乡协调发展作为一个重要的视角考虑。再次，上级政府主动对基层灌输这样做的好处是传播者首先要消化理解。正如一名受访者（街道官员）谈到"美丽乡村"项目中的共同缔造宣传时说："我们这里头的区域被市里头的先洗脑，然后他就是一级一级往下洗这样，因为我们先读文件、读政策，因为我们这些在体制内的，上面的这种东西布置下来，是一定要去执行的，对不对？所以我们要尽量大量去消化这些东西，那消化完了以后，我们就把村干部、村两委这些在体制内的人先来洗脑，先来宣传，把他们洗得可以了跟着我们走，把他们洗的就是能跟着我们走，洗完了以后，就是把大家这些人就说，可能当时他们还没完全接受这种理念，但是他们不会反对，跟着我们走，等于就是走出去了。"

（2）推进跨部门协作。城乡一体化往往需要牵涉多个部门的利益和合作。共同缔造恰恰为多部门合作提供了相当大的便利。各级政府的缔造办是部门合作的协调机构。而在共同缔造的名义下，可以把复杂的项目进行纵向拆解、横向合作。以征地拆迁为例，整个项目周期要涉及多个环节。

①对被拆迁者的说服工作显然已经打破了传统意义上的部门分工："我们的征地拆迁……发挥好多机关部门的人作用，比如女子拆迁队，区委常委统战部部长牵头，教育局局长、妇联主席等等，区领导带队，好多部门的女同志一起组成队；还有青年突击队，各个部门的青年同志组成的；还有转业干部青年突击队，转业回来的干部，先让我们搞一年征地拆迁，我们每年有三四十个军转干部，挑十几个，组成一个突击队，负责征地拆迁，村民对他们有亲切

感，抵触情绪小一点，能进门。还有许多部门，比如法院、检察院、水电气部门、工商部门都介入的……这是区里层次的，下面还有村干部、乡贤理事会，等等。征地拆迁也是共同缔造，解决很多矛盾纠纷，化解很多矛盾。"

②失地农民的就业安置需要有规划部门、企业和建设部门的合作。所谓的"金包银"工程就是政府、规划、企业和农户都出资出力，为企业解决生活服务问题，同时本地农民也能受益。

③重建规划方面实现多规合一。多个部门的规划合并到一张图上，降低行政成本，也减少实际建设成本。建设部门的人介绍："施工合同备案、施工许可、监督申报三个一起递交材料，把重复的材料，能够互通的材料都减少，减少企业的手续。施工许可压缩到一个工作日，减少审批时限，有个企业服务中心，指导企业如何办事，牵头协调联系各部门，哪方面有困难就找到哪个部门。"

④安置过程中多部门提供资源解决农民需要。安置房建设要求不低于商品房标准。学校包括幼儿园、小学、中学与名校挂钩，建设社区活动中心、公园。

⑤建设的商品房每平方米20000多元，拿给东屿村的拆迁安置户。先征求拆迁户意见确立户型，并且由拆迁户组成监督组，监督建筑工程质量。物业公司部分由拆迁户参与，共同进行物业管理，五年内免物业费。房屋建设好之后，拆迁户先选房、先签约，抽签决定选房顺序。东屿村整个拆迁进度应该算是很快的，1400多户现在只剩300多户。

⑥解决钉子户提出的实际问题。例如，拆迁东峪村的海鲜一条街，很多人面临失业。一方面政府将大排档搬到别的地方，给村民提供一些地和补助。另一方面，积极同意拆迁的居民，可以

优先选择住在商品房小区，子女入学有机会进入优质学校。优惠政策和强制性措施相结合。这些相关的配套措施，也需要多部门合作才能完成。

（3）引入公众参与，提高公众认知、增强自治能力。吸引公众参与的手段包括居民组织化、主动示范、提供经济激励。居民组织化在农村社区及拆迁安置社区中都是比较重要的环节。新近的拆迁安置房在设计期间就请安置户参与。

即使是现在社区居民积极支持的项目，在最初推动的时候也存在很大的难度。主动示范可以减少公众的不信任，也可以让公众看到实际的利益。在T社区，居民坚持认为官员是在作秀，保持观望态度。为了能够说服大家，村干部通过网格员调查征询意见，确定了居民反映比较多的问题：某村民把房屋出租给外人从事牲畜养殖，造成村中环境很差。村干部联合乡贤、老人前去劝说，集中说服这家人放弃现在的经营。当这个最难办的事情做好了，其他的村民看到好处就开始要求也来帮助他们改善村居环境。当这个村子做出了名，其他村子的人来访，就开始关注如何把这个做法也在他们那里展开。

所谓的经济刺激是指政府通过以奖代补来支持社区居民和村民提议的项目。这些项目由社区提出，往往是由村民或者居民自己建议，并提出方案。缔造办帮助审核由专业人士提出的设计。以设计为基础，向居民争取意见之后进行修改或者通过。共同缔造的项目根据性质，有的由政府全部支出，比如雨污分流的基础设施项目。有的需要社区自筹一定比例的经费。社区自筹的可以是现金，也可以是人力、物力。其余的由上级政府按比例提供。与政府招标的项目不同，共同缔造的项目是边改边建，在这过程中吸收了居民的意见。

值得一提的是，公众参与似乎也有助于基层官员意识到公众参与带来的好处。我们的访谈中多次听到地方官员谈到共同缔造的好处是缓解了官员与公众的紧张关系。从官员的角度看，是让村民和居民走出了家门，有了更多与项目官员和外界交流的机会，更加理解政府想为民做事的想法。同时，同处一个社区的居民也在共同缔造的项目建设过程中学会了互相合作和妥协让步。

第五节 "共同缔造"的实际效果

海沧共同缔造的积极效果有以下几个方面。

（1）通过政府部门和企业之间的协商，缓解城市化带来的社会压力。在基层层面则是努力创造更多的官民沟通渠道和场合。通过官民互动，化解矛盾，同时改善生活质量，调动公众参与的积极性。从我们的调研看，共同缔造确实产生了一些实际的影响。多个社区和村庄做出了各具特色的成绩。即使这些项目并不能覆盖全区，也足以带动风气的变化，并且已经开始出现地区间相互竞争、相互借鉴的风气。比较有意思的是，虽然有政府的强力推进，不同类型社区的工作重点和内容有所不同。说明即使是自上而下的政策，也有了反映基层差异化的途径。

（2）财政上有了更多用于农村建设的资金保证，而且还有增加的趋势。海沧的共同缔造直接为农村地区带来了基础设施的改善和更多的项目资金投入。据财政部门介绍："2014年全年共同缔造累计财政投入4366万元，分别有雨污分流类2412万元；美丽乡村村建类（如房屋改造等）1550万元；非村建类（如购买运动器材、组织图书活动）404万元。今年预算安排5000万元，可能不够花，预算报上来好像有超；我们每年7~8月有一次预算调整的机会，到时候再追加。因为有些项目可能终止，有些项目可能新形成……因为要居民出钱，所以项目一定是他们最需要的，比方说有个村想要建一个篮球场，项目报上来，如果能入库的话，村民只需要出30%的钱就可以了……今年已经翻倍了，去年实际上预算是2000万~3000万元，后来又追加调整的；今年报上来6000多万元，目前预算按照去年的规模，初步安排了5000万元先做着，后面还有一次调整机会。这块也是全额满足。"

（3）拆迁征地工作中的政府和村民之间冲突减少。2011年以来实现了零上访、零进京。参与上门的官员提到，不少农民确实对官员上门的反应比较积极，感到政府官员对他们比以前更加尊重，特别是逢年过节官员上门。加之上访户的诉求得到有针对性的解决，消除了"负气"上访。到2016年，安置房小区有29个，总建筑面积388.5万平方米，20000多套住房，还有正在形成的项目。安置包括货币安置和实物安置。2014年拆迁户的补偿标准是海沧每平方米5400元、新阳每平方米5074元、东孚每平方米4800元。按照市场评估价计算，评估标准每年做一次，会有波动。如果老房子有200平方米，拿到的新房子最多是230平方米（补30平方米），人均少于30平方米的时候，按照人均50平方米补齐。

建设部门的人介绍说："临港过去大家都喜欢大房子、大家庭，选择三居室的占50%。现在喜欢两居室的人多了，因为便于出租。征求过意见之后改变了户型。同时在建设过程中成立监督小组，监督工程质量。安置小区里往往住着来自不同村的居民，不像在农村祖祖辈辈是熟人社会。在安置小区里，社会氛围发生的改变，居民认同感比较差。"B 社区的书记说："刚搬过来的时候很乱，居民来自四面八方，他们把农村某些不良习惯带到社区。还养鸡养鸭，采绿地种蔬菜，交通规范、卫生环境都很差……我设想一定要先把居民组织起来……我们当时的工作方法就是抓两头，第一个抓住关爱老人，第二个是关爱青少年，……社区就是老人多、儿童多，青年人都是出去工作，参与社区活动比较少。我们成立社区老人协会，开展各种各样的活动……举办这种活动让居民大团圆。原本大家都不认识……之后相互就熟悉了。……觉得活动不长久，就问居民有什么需求……他们说最主要的就是没事可做。我们居委会就把老人组织起来，请太极拳协会的老师来，成立了中老年人太极拳队，把中老年人组织起来，用这种锻炼身体的模式把老人组织起来，经过之前的活动，他们对社区认同感和凝聚力就大大加强了。"

（4）公共环境的维护不限于政府出资。城市公共地段的绿地有一些已经由企业认养。例如隆信项目绿地的造价 800 元/平方米。但是，政府所能够提供的档次比较低，而酒店希望提升品质。在建设期间酒店自己做绿化（加上维护管理），然后在建绿化的基础上建停车场。相当于政府边角的绿地建设成本转嫁到酒店，而酒店又配套了停车场，收取的费用反过来维持养绿地的成本。这样政府减少了部分公共责任和支出。

（5）公众满意度尚可。在 1032 名辅助问卷调查的访谈人员中，大约有 62% 的受访者觉得共同缔造项目对所在社区带来的影响是"至少有所好转"。考虑到共同缔造实施的时间不长，效果应该还有提升的空间。

虽然有上述的积极效果，共同缔造机制本身是否真正在发挥作用目前还比较难下结论，主要疑惑有如下几方面。

（1）是否真正增加了公众的参与？实际参与人，无论是投入工作，还是捐献土地或资源，甚至参与设计和监督项目执行的人数在 1032 名受访者中有 91 人。也就是说，大约有不到 1/10 的人口实际参与到共同缔造的工作中。考虑如果没有共同缔造，各个社区也会有一些党员和积极分子，他们是否因为有了共同缔造才开始参与的？把他们排除，共同缔造的居民实际参与是很少的。或许正如一位受访者提到的，初期阶段主要就是"洗脑"，先把观念介绍出去，人们会在后来的实践中慢慢意识到这样做的好处。

（2）官员是否关注的是居民利益？当某个政策和项目得不到公众支持的时候，基层官员谈到的化解矛盾的主要方式是"做思想工作"，派官员、老人、能人轮番上门做工作，直到该人想通了，甚至可以放弃自己的财产和出资。即使在开始激烈反对的人，最终也成功被说服。这种做法从本质上看还是上级意志，官员态度变好的出发点是上面说了不能不执行。共同缔造于是变成了如何使原本不被接受的政策变得更可以被接受。但是对于政策本身可行的自下而上的反馈渠道在共同缔造中比较少。恐怕只有在以奖代补这项政策中有一定的体现。除此以外，这个途径还不是很明显。

第六节　结论

共同缔造在中国出现有其特殊的背景。城乡一体化政策不断地被扭曲成城市优先的政策。要想彻底扭转这个局面，需要有能够重新理解城乡关系的官员和相应的制度保证。在中国目前的经济发展话语体系内，关于城市对农村的剥夺已经有了较多认识，但是转化成行动的仍然有限。海沧的试点可以说是城市化过程中问题导向的应对方式。海沧的六个一体化思路总体上看比较清晰，特别是在经济领域，政府也直接出台了不少帮助农民进城、就业和安置的措施。但是，从治理方面看，如果我们把海沧城乡一体化概括成一个需要解决的激励难题的话，它是一个上级政府的意愿强于下级政府，而公众由于缺乏信任等待观望的问题。除了日常面临的障碍之外，海沧的公共缔造还提出了一些更具广泛意义的问题。

一 城乡一体化带来的治理空间挑战

城乡一体化的本质是改变城乡之间原来基于行政辖区的治理空间。这一点在征地拆迁人口中表现得尤为突出。由于要保留在集体经济中的权益，进城农民并不希望把身份也转成城市户口。这样，就为他们所在的城市社区治理带来了一定的困难。某征地拆迁安置小区 A 的社区书记谈到："我们这边的居民是征地开发，他们不希望放弃集体经济，所以不愿意迁户口。党员关系也放在那边，他们在那边有自己的权利，有自己的利益，这里没有。支部换届选举，他可以投他信任的人。"选举权的丧失不仅包括普通居民，还有党员。小区 A 的书记由上级指定代理，他说："党员管理我就很头疼。一个社区的工作要做好的话党员的模范带头作用很重要，如果党员都带动不了就很头疼。……他们农村的支部是管得着、看不着，我们是看得着、管不着。"

为了解决这个问题，社区干部创造出临时的解决方案："我们就把他们组织起来，让我们看得着也管得着，把党支部放在网格上。目前是成立了两个党支部，还有一个正在筹备，居住地党员有参与党员活动权，没有选举和被选举权。"

但是，可以看得出，这个临时性的解决方案主要是从"管理"的角度出发。所在地居民的权益并不能像他们在集体经济中那样得到代表。我们访谈的这位书记是比较有经验也比较积极做事的。但是，在他之后很有可能会出现不那么积极的干部。考虑到全国城市社区现在正在推开各种基层民主制度，城市社区的选举现在正在全国范围内扩大。征地安置人口集中的社区中居民则无法享有同样的权力。与其他类型的移民不同，征地安置人口往往集中居住，他们不是所在居住区的少数。长此以往，有可能成为社区和谐发展的隐患。

二 地方的共同缔造与上级政府政策目标之间的协调

共同缔造的政策逻辑尚需要进一步梳理。到目前为止，我们是把厦门作为一个单位来分析。那么来自市级的共同缔造和来自基层的共同缔造压力为区和社区层面的官员带来了工作模式的改变，也似乎打破了官民间隔阂。从这个意义上看，基层民众和官员似乎有了一定的民主自治空间。但是，这个基层的民主空间与上级政府之间的关系如何衔接仍然是一个问题。目前官员考评和奖惩还是靠上级单位的评分标准。某官员在接受采访时提到："保二争第一的口号，成为基层工作理念和人生追求，一定要拿第一。"而年底省里到海沧检查，由于海沧集中精力搞创新没有刻意追求原来的评价标准被扣了3分，这3分算到厦门市。厦门市原来在全省第一名，因为扣了8分（海沧3分），变成了倒数第一，海沧区在市里遭到批评。这件事导致海沧全体相关部门员工奖励被扣除。这样的评分标准如果和城乡一体化的理念、基层公众的需求是一致的，有可能会推动地方政府进一步切实利用共同缔造来实现政策效果。但是，在目前的省市治理体系内，从基层政府到上一级政府之间通过什么方式来实现由共同缔造所体现的民意，还需要进一步探讨。

三　城乡一体化是否应以消除农村为目的

随着厦门农村数量的逐渐减少，农村在城市生活中的重要性已经得到越来越多人的认可。不仅农村的特色农业有助于丰富城市菜篮子，方便可及的田园空间本身也是缓解市民紧张、暴躁情绪的重要特色。这恰恰是为什么很多发达国家在经历了激进的城市化之后，反过来重新建设城市绿地、发展各种各样的城市农业。这也为过去在消除城市的工作中尽心尽力地劝说农民放弃土地的官员们提出一个问题：前一阶段愈发"成功"的做法，放在可持续发展的框架下，仍然是成功的表现吗？从这个意义上看，海沧的共同缔造无论是否在其他领域取得了成功，它至少让农村有了针对城市发展而自我再创造的可能性。当然，正如某区政府官员提到的，"目前只是做了一些样板，都要做也不一定照顾得过来"。但是，如果城市领导者能够有远见，为这样的前景打下基础或许会减少不必要的压力。

第五章 "共同缔造"与社会组织发展：拓宽社会空间，迈向多元治理

第一节 多元化的社会需求与社会政策新趋势

短短二十几年间，海沧区从偏僻的小渔村变为现代化的大都市，变的不仅仅是财政收入、GDP、人们的收入水平和生活条件，更是人口构成、人们的社会关系和社会需求。截至2014年底，全区总人口429159人，其中本地人口155765人，外来人口273394人，外来人口接近本地人口的2倍[①]；本地人口原来大多从事农业和渔业工作，经历了快速工业化、现代化、城市化之后，从村庄搬入城市，随着职业和居住格局的变化，旧的社会关系出现断裂。多元的经济类型和众多外来人口创造了海沧区发达的经济，多元的社会需求也产生了。虽然海沧区自2011年以来连续四年将财政收入的七成以上投入民生事业，如教育、卫生等方面，对外来人口的开放政策更是优厚。虽然，该区在城乡居民收入、城乡公共服务一体化等方面都位居全省前列，但是巨大的投入并没

---

① 资料来源：《厦门市海沧区统计年鉴》（2015）。

有收到应有的社会评价，群众满意度并没有提高，不同群体间矛盾突出，政府与民众的隔阂越来越深，民众对政府的抱怨也开始逐渐浮现。

海沧区政府已经意识到自己无法提供民众需要的所有社会服务，并且尝试转向利用社会资源满足社会需求，比如教育部门在满足随迁子女读书方面的尝试，效果就非常好。海沧作为外来人口大区，2015年外来务工随迁子女报名上学的人数达到3500多人，经过审核符合条件的有2800多人。虽然海沧区近年来大力发展公办学校，但是依然跟不上随迁子女上学需求的增长，随迁子女并不能100%进入公办学校读书，有20%左右要进入民办学校读书，而政府要做的是"用公办的财政资金来撬起我们民办规范管理的这根杠杆"①。比如政府会给民办学校的老师每月1500元补贴，用于保证民办教师的收入，吸引人才，并且教师要经过教育局统一考试才可以被民办学校聘用。海沧区教育部门的思路并不局限于一味增加公立学校、扩建公立学校，还通过鼓励建设民办学校、规范管理提高质量的方式来保证外来人口随迁子女都能接受较高质量的教育，这说明海沧区政府已经逐渐意识到，仅仅通过增加公立单位、政府直接提供服务的方式已经跟不上现实的变化和需求增长，需要利用民间的力量来满足日渐多元的社会需求，他们在其他方面也在尝试利用民间力量满足社会需求，已经清楚地意识到"一般经济越发达、社会需求越多元，社会组织的发展越蓬勃"。②

这种社会需求与中国社会政策的新趋势不谋而合。有学者认

---

① 引自海沧区教育局访谈，2015年7月9日。
② 引自海沧区民政局座谈，2015年7月10日。

为，中国社会政策新趋势正在到来。中国社会政策模式经历了几次转变，改革前的基本社会福利在城市中由单位和街道负责，在农村中由公社、大队、生产队负责，比如城市中的公费医疗、农村中的赤脚医生制度，等等。改革后逐渐建立起国家层面的养老、医疗、失业、工伤、生育保险等社会保险体系和遍布城乡的最低生活保障、医疗救助等托底救助体系。但是随着人口流动的加快和老龄人口的增多，群众的社会服务需求急剧增加，以往的社会保险和社会救助体系已经不能满足日渐增长的社会服务需求。人民群众日益多元化的社会服务需求（比如流动人口服务、养老服务等）呼唤着社会服务的提供者。从西方经验来看，仅仅靠公立部门提供服务不能满足社会需求，政府直接提供社会服务不仅成本高、运转慢，而且不能贴合老百姓日益多元的需求。社会服务需要多元的提供者，各类社会组织也应运而生。作为民间力量的代表，社会组织可以补充公立部门的空缺，成为社会服务的提供者和培育者。全球越来越多的政府撤出了直接提供服务的前线，而是采用购买服务或者协议的方式委托社会组织提供社会服务。我国各地方政府也认识到这一趋势，在社会治理创新实践中也在大力培育社会组织，挖掘社会潜能。这样，以往只涉及"政府""个人"的社会保险和社会救助模式逐渐转变为涉及"政府""个人"和作为服务提供者的"社会组织"，这就是从"社会保险"走向"社会服务"的社会政策的新趋势。在这个意义上，党的十八大提出的"激发社会组织活力"精神，以及厦门市提倡的"美丽厦门、共同缔造"精神，都与日渐多元的社会需求与社会政策新趋势非常契合，非常具有前瞻性。

在这样的社会背景下，海沧区社会组织的培育工作既满足了日益多元化的现实需求，又符合中国社会政策和社会发展的趋势，且在"共同缔造"的理念下走出了不同的道路。

第二节 政府部门培育社会组织的努力

社会组织作为第三部门，通常独立于政府开展活动，与政府逐渐形成互助的伙伴关系，由政府直接培育社会组织的行为在世界范围内并不多见。但是在中国，从"总体性社会"走到今天，国家的力量依然很强大，没有足够空间形成社会的自主性，社会自组织能力不足，因此，社会组织的成长发育需要政府扶持和帮助。

一 政府希望建设的"社会"

在政府心中，"社会"可以被具体为社区和社会组织，着力点主要在群众参与，"充分发挥群众的积极性、主动性、创造性，让人民群众更多地更公平地共享发展成果……关键在发动群众参与、凝聚群众共识、塑造群众精神，根本在让群众满意、让群众幸福"。从中可以看出，政府希望建成的社会，其具体表现的实体是社区和社会组织，也就是政府体制外的组织，具体做法是调动群众积极参与。也就是说，政府希望通过"共同缔造"，建设成一个自发参与、自发协调、自行满足需求的民间社会，希望用资源自上而下配置的方法来激发社会活力，这需要政府的各个部门（"条"和"块"）都做出努力。

二 基层政府让渡空间与明晰边界

社会组织的发育首先得益于政府职能转变：从公共服务的直接提供者变为社会服务的出资者、发包者和监督者。社会组织成为提供专业服务的服务提供者。这种职能的转变让渡出一定的空间，为社会组织开展业务、发展壮大提供了可能，而这种职能的转变与"共同缔造"精神是非常契合的。"共同缔造"所倡导的政府与社会共同建设，发挥群众组织的自主性，就是社会组织培育的核心。

海沧区有数量巨大的外来人口，以往对外来人口的服务和管理工作事情杂、任务重，无论是计划生育、治安管理，还是外来务工子弟教育问题，在"属地负责"的管理体制下这一直让人手短缺的乡镇、街道非常头疼。最开始的时候基层政府直接对外来人口进行管理，这时的"管理"也只是提供最简单的管理，缺乏公共服务。随着时代的发展和社会的进步，基层政府逐渐意识到政府工作的限度，对社会组织专业化的服务有所需求，对社会组织的发展越来越重视，正如新阳街道副主任所言，"社会治理还是慢慢地需要专业的人去做。政府不可能天天待在社区，它只是单边地坐在这边想的社区需要什么样的服务，即使现在有包村要经常下去，肯定摸得还是不够透。第二，政府在服务上不够专业，社工是一个慢工出细活的事情，是社会问题的医生，医生要有临床经验。我认为还是让专业的社工去做，购买社会组织的服务"。[①]

政府让渡出部分服务类别和行动空间，向社会组织购买专业的服务，社会组织获得发展空间和项目资源，得以迅猛发展，政府从无所不能的全包政府变为"有所为、有所不为"的有限政府，减轻压力轻装上阵。而政府压力的减轻绝不意味着政府的不作为，而是有针对性地做工作，基层政府与社会组织有明确的分工和边界。我们依然以新阳街道对外来人口服务为例看街道层面政府与社会组

---

① 引自新阳街道办座谈会，2015年7月8日。

织的分工和边界。

"原来的服务是规定的那些，现在我们是想着办法给外来人员提供服务，主要是解决他们衣食住行问题。像工作站下沉，就是考虑在家门口帮他们解决问题；还有用工需求对接，让他们把自己找工作的需求发给我们，再把企业的用工需求收集过来，在信息化平台做对接，匹配完了会发一条短信。我们既有人才市场，又有信息化平台。街道还有相关的部门，经济服务中心、招商公司，还有工会、妇联，都会做一些对接和服务。……对外来人员子女放学后没人带，我们就开四点钟课堂，通过社工购买服务把这事做实在，外来人口子女放学后可以到新厦门人社会组织孵化中心（新厦门人服务综合体），有社会组织培养的本地志愿者、厦大学生、家长等，轮流看孩子，孩子们可以在那写作业。我们还搞一些学校培训、网上报名的集中现场培训，包括政策宣传、如何网上操作。现在我们在考虑，他们落地以后找工作，没地方住，我们是否给刚来到这里的流动人口，提供短期的住宿安置等。包括工会也在想，是不是弄些投币洗衣机，让外来务工人员洗洗衣服、被子什么的。我们每个街道跟社区都有微信公众平台服务号和公众号，可以上网咨询，有简单的办事、就医指南，等等"。[①]

从访谈中可见，街道办将外来人口需要的服务分为几类。对于与政府对接的行政服务，比如服务站的常规服务和政策咨询、政务

---

① 引自新阳街道办座谈会，2015 年 7 月 8 日。

办理、培训等，街道办将其做得更加细致和下沉，甚至设立了微信公众号以方便人们办理；对于与市场对接的就业服务，街道办联合企业和企业服务机构，以及工会妇联等枢纽型社会组织一起想办法推进就业工作；对于直接服务外来人口的社会服务，比如务工人员子女放学之后的四点钟课堂，街道办采取购买社会组织的社工服务的方式。对不同类型需求的分类应对，让政府与社会组织的分工更加明确，各自的职能体现得更加明晰，政府与社会组织之间的边界也更加清晰。除了基层政府让渡空间给社会组织成长之外，民政部门也在培育社会方面做出努力：直接着手培育社会组织。

三　民政部门对社会组织的培育与监督

在政府部门中，与社会组织关系最密切的就是民政部门。在厦门海沧这样在社会领域方面比较发达的地区，尤其是在十八大以后，"激发社会组织活力"的提出让社会组织像雨后春笋一样蓬勃发展。比如闽南人爱喝茶，很早就成立了茶协会、茶研究会；早年兴垵村的五祖拳也慢慢发展为武术馆，各个社区也相应成立了武术馆；甚至区机关工委也开始组织太极拳协会，请老师来教。这些社会组织成立之后承接了一些类似暑期培训班之类的社区小项目，背后离不开民政局的支持。民政部门对社会组织的鼓励和培育是有一定原因的，也有一定的过程和效果。

> "这跟我们的'共同缔造'是契合在一起的，当时我们一直想的是把群众发动起来。但是千百居民，一个个挨家挨户去敲门，一趟两趟三趟，等第四趟的时候人家就烦你了。真正来讲，把我们社区的骨干发动起来，让他们再通过趣缘类的组织

发动群众，它就一呼百应。像某社区的登山协会，原来跟政府有点对立，我们为他们解决了办公场所、一点点资金，资金是用'以奖代补'的模式，慢慢地让老人家去做市容卫生、交通督导等活动。其他趣缘类的社会组织全部都推。比如我们机关工委的太极拳协会，它的成员都是机关干部，会带些小孩来练太极拳，没有什么不好的。包括社会组织孵化中心，我都跟审批办的交代，就把我们活动中心六楼租赁的合同放在那边，真的没有场地的，我们为你提供1年的办公场地，你们慢慢成长壮大，去外面办公。……现在群众对政府的要求越来越高，但政府也不能是无限政府，有些手臂够不着，但又必须要干的活，就交给社会组织来做，小小的项目交给他们做都没问题。就像8月我们要开展的两岸闽南文化夏令营，就是闽南文化进社区的沿袭，让台湾50个台南的社区做闽南文化推广的人要过来。我们就把这工作交给一些社会组织，像闽南文化研究会，其中有些热心公益的人就很高兴。这一场活动的经费，比如给它5万元、10万元，它真正能拿到的微乎其微，但它会觉得这是在推动闽南文化，推动两岸文化的互动，会非常愿意去做这些事。像我们今年的社工日活动，我们也给我们的老体协，这场活动打包给你2万元，包括场地设置、节目编排、矿泉水等，它也做得很开心。一些小项目我们就直接交给社会组织来做，超过50万元的项目通过招投标的方式，通过社会组织服务中心的平台，全部按流程来运作。这种小项目直接交给社会组织做，没有什么大问题[1]。"

---

[1] 引自海沧区民政局副局长访谈，2015年7月10日。

第五章 "共同缔造"与社会组织发展：拓宽社会空间，迈向多元治理

自党的十八大以来，顺应社会需求变化和党的引导，海沧区社会组织的发展进入高峰阶段，从访谈中可以看到社会组织类型也出现了从服务类到趣缘类的拓展，体现了社会组织类型的多元化和功能性扩展趋势。对于政府来说，社会组织承接服务不仅能满足群众的不同需求，激发社会活力，而且对社会稳定起到一定的积极作用。政府部门逐渐认识到社会组织发展所带来的好处，作为负责社会组织培育的政府机构，民政部门开始大力培育社会组织。

民政部门对社会组织的扶持和培育体现在以下几个方面：一是政策上的扶持，主要包括提供资金、场地、人才的支持；二是孵化基地建设，打造"社区＋社会组织＋社工＋义工"的整个服务模式，真正以社区为基础，以社会组织为依托，以社工为专业的支撑，以义工为蓄水池的补充，推动社会组织的孵化和社区的营造、社会文化的推广；三是推动政府购买服务机制建设，鼓励向社会组织购买服务，并在2015年依托孵化基地开展了政府购买社会组织服务的集市，通过"相亲会"这种形式共达成14个项目的购买意向，共签约金额达480多万元，全部是各个政府职能部门购买的项目；四是规范社会组织的登记管理，"基本上一手抓发展，一手抓规范管理，两手都要抓，不能因为推动扶持就放松管理"[①]。在管理方面采取登记和备案双重管理：符合条件的可以在区民政局登记；目前比较弱小，尚需要扶持的小组织采取备案的方式，备案的事权下放到街道，由街道审批备案。

其中第二方面和第三方面是有内在联系的，孵化社会组织需要政府部门以项目方式购买，但是社会组织的生存发展不能仅靠政

---

① 引自海沧区民政局副局长访谈，2015年7月10日。

府，还需要自己寻找社会需求。着力培养社会组织的独立性是海沧区民政局的考量之一。

"社会组织孵化器入驻的有9家社会组织，其中有2家是社会综合治理：海沧平安宣传服务中心、正诚社企联调共治服务中心。还有1家是水上救援队，还有两岸义工联盟，旗下有22家志愿者队伍。这些是比较成熟的社会组织。从孵化器这一块来讲，我们只能送它一程，不能一辈子陪着它。从政府扶持来讲，主要有两种方式：政府购买服务和公益创投。这些都是我们在学江浙、深圳，深圳的政府原来购买社会组织服务力度是蛮大的，到后来慢慢手就收回来，所以才会把社会组织冲到厦门来。包括深圳公益网，包括思明区的开心社区，这些都有深圳社会组织的背景。这就存在一个问题：政府能帮到什么程度？一旦你不帮，它可能就活不下去了。……厦门在购买社会组织服务（方面），比深圳、江浙晚了一点点，我们现在的蓬勃其实是人家的过去。我们也在考虑政府购买服务能帮它帮到什么程度，包括公益创投能帮到什么程度，我们也着急。我们的"温馨夕阳"的专业团队入驻社会组织服务中心，跟我们签订经营管理协议包括，会孵化6家社会组织，事实上这是没有完成的。他跟我聊到，你们作为主管部门，你们孵化的社会组织就要给它一些项目做，否则活不下来。那就等于这个孩子生下来我要养到大，而且养到什么时候还不知道。在这个细节上我们没有达成一致意见，他原来觉得可以孵化的他没有孵化。作为专业团队，他无非是想，我一孵化就有你政府购买服务，他巴不得你这样子。当时我还是比较冷静的，我没办法这样做。公益创投这一块，我们新阳摸索着做过6个项目，由企业来捐资，但存在的问题是，企业第一次、第二次捐资，第三次可能就不会捐资了。如果从这些角度来考虑，社会组织要如何生存下来适应社会，我觉得要学一些本土化的社会组织。所以孵化器的专业团队跟我讲，要我们购买服务给项目，我没有一下子扎下去。如果我扎下去，面上很好看，我孵化出来了，但是你做得动吗？两岸阳光故事家族是这种例子。它的工作背景是我们的时代飞扬的书店，引进非常多的台湾义工来讲故事，它通过夏令营的形式推动自己的工作，真正政府购买服务就是院前社的国学讲堂购买了一些服务。它通过它的微信公众号来推动一些活动，抓住家长的需求做一些工作。居家养老给我们的启发就是，作为老年人的工作，老年人要兜底的，所以政府购买服务是要做的。这些社会组织要活下来，就要真的沉下去，了解居民的需求是什么[1]。"

在社会组织培育中，政府不能承担所有的职能，这样不仅财政资金有损失，而且不能培育出真正独立的社会组织，甚至会把社会组织变成政府部门的派出机构。海沧区民政局并没有将目光仅仅放在提高社会组织数量上，而是保持清醒的头脑，在帮助社会组织独立生存方面做文章。他们寻求的解决方案是"本土化"，培育那些能满足群众需求的社会组织，也就是立足于群众的真正需求，不断试探，找准需求，只有满足群众需求的社会组织才能自主地长久发展。

除此之外，对社会组织的监督和评估也会贯穿项目始终。社会组织的评级最高级是5A，由全市统一定标准，区民政局牵头负责

---

[1] 引自海沧区民政局副局长访谈，2015年7月10日。

评估。评估每年进行一次，实行滚动化管理。市里的指导文件要求政府购买服务的社会组织必须是 3A 级以上，级别越高有优先购买权。但实际上，在海沧很难实现。因为目前海沧区还没有 5A 级社会组织，3A 级社会组织也只有 9 家，不能满足政府购买的需求。因此，海沧区政府购买服务的对象不仅限于 3A 级以上社会组织，还考虑将 5 万以下的政府购买项目可以给一些初级的社会组织，在监督完善的情况下对指导文件进行合理创新。

第三节　拓宽社会空间：借"共同缔造"的东风成长的各类社会组织

政府让渡空间给社会组织发展，且有针对性地直接培育社会组织已取得了很好的成果。在良好的环境中，海沧区社会组织借着"共同缔造"的东风蓬勃发展。社会组织的发展也必然带来社会空间的拓展。

社会空间与村庄"自由政治空间"有类似之处。"自由政治空间"是在杨善华解释 1949 年革命胜利之后国家力量并没有完全达到村庄一级，并没有彻底完成对全国农村的全面控制和组织时所使用的概念，指村干部可以按照自己个人或社区的利益来安排村庄的实际事务和做自己想做的事情的自由度。文章认为，"自由政治空间"实际上是一直存在的，1949 年之后中国共产党领导的国家希望实现对村庄的彻底控制，但是中国农村的实际情况却无情地阻止了这一目标的实现或完全实现。中央制定的政策在许多时候只能是原则性的，给出一个政策或制度的走向或"一段约束区间"，而贯彻与实施的任务却交给了各地，所以各地往往还要制定一个可操作的、具体的实施细则。至于如何根据这个细则去执行，解释权（包括行政权）则在最基层，即在乡村一级，这就给了乡村一个运作的政治空间。"社会空间"也有类似的意涵，既包括"自由政治空间"所包含的在被动情况下的政策解释权和行政权的可运作行使空间，又包括社会行动主体主动的需求表达、权益争取方面的能动性空间，意味着社会行动主体获得更多的行动空间、行动机会和行动能力，就像经过"共同缔造"精神洗礼之后百花齐放的社会组织，它们纷纷在城市和农村地区迅速成长着，用自己的实际行动实现了社会空间的拓展。

海沧区虽然在城乡一体化方面做了很多努力，也有了很大成效，但是农村与城市毕竟面临着不同的社会问题，社会资源也有所不同。因此，在不同地区的社会组织也呈现不同的形态，有着不同的特征和功能，下面我们将用几个案例来展示。

一 城市地区：立足于促进社会融合、社会服务和文化生活

海沧区企业林立，外来人口众多，不仅仅有年轻人来打工，还有很多中老年人随子女迁到气候宜人的海沧定居，人们对社会文化生活和社会融入的渴望溢于言表。在城市中，最受欢迎的就是社会服务和文化生活类的社区自组织，以及促进新老厦门人、社区和企业融合的社会组织。

1. 致力于社会服务和文化生活的海虹艺术团和海虹社区居民大学[①]

提到社会组织，大家大多会想到的就是文艺类和生活服务类组

[①] 本案例参考郑冬梅：《海虹社区海虹艺术团案例分析》和黄灵敏：《海虹社区居民大学》载于《厦门市海沧区"美丽厦门 共同缔造"社会治理实践案例汇编》，第115~120页，以及笔者对海虹社区进行的实地调研和访谈。

织。在城市中，文艺类组织的确是人民群众喜闻乐见的组织形式，能够快速让人们融入社区生活。

海虹社区有6000多住户，常住人口约16000人、流动人口5000余人，融合了高档商品房、经济适用房、拆迁安置房等，既有本地拆迁安置户，又有新厦门人、外国人、台胞等，是厦门岛外新城区、新社区的典型代表。作为典型的"移民社区"，海虹社区存在较大的社区融入问题：居民来自五湖四海，邻里之间陌生感较强，相互不熟悉，连对方家里几口人都不清楚；普遍表示缺乏社区交流载体，融入社区生活存在难度。但与其他社区相比，海虹社区又有其他社区所不具备的土壤：社区居民对文化自治组织建设有强烈愿望，同时各年龄段的社区居民再学习的愿望都十分强烈。鉴于海虹社区大多数居民受教育程度较高，参与社区公益事业的热情也较高，海虹社区先后成立了海虹艺术团和居民大学。

海虹艺术团由社区文艺积极分子"带头"组建，社区居民自愿参与，迅速成立。刚成立时，艺术团只有不到10人，但艺术团在绿苑小区、维多利亚小区、天心岛小区、天虹广场等多场成功演出，产生了强大的"磁石"效应，越来越多的居民自愿加入海虹艺术团。经过不到一年的发展，海虹艺术团成员就达到300多人，参与过演出的居民超过1000人次。与其他社区备案的文艺类社区自组织不同，艺术团为了保持升级与活力，不断探讨如何规范管理，历经6次意见征求会议和多次修改成员们达成了共识，制定了《海虹艺术团章程》，明确艺术团日常工作管理规范，让这一志同道合的大家庭得以"规矩"长久地运转。章程明确了艺术团的宗旨、理念、任务、团员的吸纳、活动的形式与内容以及组织制定，成为艺术团活动的纲领性指导文件。艺术团的快速成长，除了得益于规范的规章制度，还得益于艺术团成员及居民、居委会的共同努力。艺术团的演出都是面对群众的公益演出，没有演出费用，团成员们自筹一部分资金，居委会开放专门的活动室，为艺术团培训、排练提供固定场所，还给艺术团一定的赞助，给演员购买服装、配备道具、租借音响设备，加上热心文艺活动的居民们主动为艺术团成员们提供服装、活动场地及部分活动资金，全社会齐心推动艺术团日常活动的顺利开展。几年来，海虹艺术团所有节目的主角都是社区居民，所有会演也都是为社区居民呈现的精彩文艺节目。自"共同缔造"试点工作开展以来，累计举办广场舞比赛、小区慰问演出、垃圾分类讲座、微电影文化艺术节进社区等各类文体活动几十场，还有在长者关怀方面的"百家宴"活动，在未成年关爱方面的"琴乡"小提琴免费培训，在对特殊群体帮扶方面的特殊家庭互助关爱小组等一系列互助关爱活动，无一不让社区居民的心变得温柔，让小区的冷漠状态融化，活跃社区文化生活的同时，大大促进了小区居民间的沟通与交流。

居民大学也是在迫切的愿望下成立的。2014年初，台湾义工王育荷女士，在参加绿苑小区"育子经验交流辣妈团"活动时，有感于各年龄段居民再学习的强烈愿望，提出可以引进台湾居民办社区大学的经验，办一个居民自己的大学。这个提议得到了大家的强烈支持。3月，海虹社区发展协会牵头，社区居民自发为组建海虹社区居民大学做准备。在海虹社区党委的支持下，海虹社区居民大学成立了理事会，实行理事会领导下的校长负责制，有理事会成员7名，正、副校长各1名。推举海虹社区红色课堂的发起人、退休的老党员吴沧舜为校长，海虹欢唱队组建人、社区文艺能人林文琦为副校长，并聘请了海虹社区居民、全国台商企业联合会副会长曾钦照为名誉校长，形成以社区居民为主体协同运作的新模式。居民大学没有校舍，海虹社区就将其门前下沉广场中原计划作为店铺招商的店面腾出，由居民自己做简单装修布置，作为教室使用。开办的时候师资缺乏，海虹社区与厦门城市职业学院（厦门市广播电视大学）建立共建关系，取得专业保障，同时，通过自发报名的形式，把海虹社区居民中的教育工作者、法律精英、医学专家等各界热心人士挖掘出来，建立了教师资源库。从社区居民中挖掘教师是居民大学的一大特色，居民既是学生，又是老师，每个人都可以从他人身上学到技能，同时发挥自己的作用。被征地拆迁的渔民和农民群体在社区居民中是比较独特的存在，他们对楼房的居住格局和小区生活方式都比较陌生，与老城市居民和新厦门人之间的隔阂较大。居民大学请有几十年打鱼经验的老渔民给大家讲"如何挑选海鲜"和"如何烹饪海鲜"，贴近生活的课程设置很快吸引了居民，课程节节爆满，居民学到了实用的知识技能，渔民老大爷也讲得红光满面，没想到自己也能成为"教书先生"，很好地促进了渔民和农民与城市生活的融合。在培训课程安排上，围绕社区居民多样化、个性化学习需求的特点，海虹社区居民大学提出了将公益性教育、职业培训、学历教育为办学主要内容，并定期通过网上征求、现场征询等方式，收集居民课程培训需求，推出"菜单式课程"，每周推出十余种课程供居民选择，以"引进来"和"亮出来"这种互动的形式，不断激发居民的认同感和参与意识。社区居民通过课堂中的互动认识了，有了更多的交流机会，从原来的"生人"变成了"熟人"，社区营造出宽容、关爱、和谐的生活环境。

海虹艺术团和居民大学都是社区居民自治组织，社区自治组织看起来很小，做的也是唱歌跳舞、鸡毛蒜皮的小事，却大大提高了居民参与社区生活的程度，有效培育了居民的社区归属感，社区氛围更加融洽。用街道干部的话说，"在活动的过程中，一些常年不说话、有矛盾的人和家庭之间，慢慢就开始说话了。我们希望把老百姓从家里叫出来，坐在一起沟通交流，共同开展一些活动。我们在兴旺小区的公共场所开了 WiFi，叫这些宅男宅女都出来，坐在广场上，互相看微信，聊着聊着不就聊到一起去了嘛。政府购买流量，花费也不大，花点儿小钱办大事，让喝酒吵架的不要吵架了，找不到对象的在那边默默上网。这些活动的效果不是一下子能看到的，起着潜移默化的作用，'共同缔造'主要是一种精神的培育。"[1] 社区融合与参与是社区自治的基础，自我治理、自我服务是社区要达到、也可以达到的目标，而让居民相互认识、了解是这一切的起点，这一点海虹艺术团和社区居民大学做到了。

2. 新厦门人社会组织孵化基地及社企同驻共建理事会[2]

海沧区有各类企业上千家，外来务工人员 20 多万人，其中大部分分布在新阳工业区。大型企业为员工配置集体宿舍，其他大部分务工人员均住在本地居民自建的出租房内。由于他们来自全国各地，人员构成复杂，而且流动性大，相互沟通局限于同乡或者同事，人际沟通和文娱活动缺乏。主体为"80 后""90 后"的"新厦门人"，其对生活服务、公共休闲的需求日益增长，当时的管理

---

[1] 引自新阳街道办座谈会，2015 年 7 月 8 日。
[2] 本案例参考张晓勇：《兴旺社区"社企同驻共建理事会"》和方启：《新厦门人服务综合体暨社会组织孵化基地》，载于《厦门市海沧区"美丽厦门 共同缔造"社会治理实践案例汇编》，第 99~105 页，以及笔者对兴旺社区进行的实地调研和访谈。

服务设施没有及时跟上，两者之间的矛盾日益突出。

2013年，海沧区新阳街道结合"共同缔造"的理念，在广泛征集各方意见的基础上，谋划提出建设新厦门人服务综合体暨新厦门人社会组织孵化基地。经过多方走访、意见征集，2014年3月，厦门市首个新厦门人服务综合体暨新厦门人社会组织孵化基地在新阳街道正式揭牌成立。占地1200多平方米的服务中心内设乒乓球室、桌球室、健身室、绿色网吧、故事小屋、助学超市、职工书屋、新厦门人大学等11个功能室，提供各类文体教育娱乐服务。新厦门人服务综合体项目建设体现了多方参与、共同缔造理念。经费来源除了政府投入，另一大来源是企业和员工、居民的积极捐赠。海沧城建集团主动提出将集团拥有的阳光公寓7栋第一层共计1200多平方米的场地无偿作为综合服务中心的场所，新阳工业园内的厦门卷烟厂、新阳纸业、捷太格特、特宝生物、威迪亚、新阳医院等11家企业和320多名新厦门人捐资投劳，金额达263万元之多；社区居民也力所能及地参与建设，比如职工书屋的书籍除企业捐书2500多册外，还有居民捐书100多册。

政府建立起孵化中心的实体硬件，将各类社会组织统合起来，而具体的运营采取引进专业社工机构来运营的方式，购买深圳慈善公益网5个岗位的社工服务，开展社会组织孵化培育工作，在为入驻社会组织提供办公场地、活动场所、设施设备的同时，还提供信息咨询、业务指导、资源对接、交流培训、社会实践、项目支持等一系列成长服务，重点扶持培育社区居民、企业员工需求度高的服务型社会组织。"我们自己孵化的社会组织，在街道备案的比较多。比如小小摄影师服务队、家长里短妇女互助会她们走访困难户，丰富自己的生活，还有长跑协会、乒乓球协会、书法协会、舞蹈队等。很多组织原先就有基础了，只是没有规范的管理，对于这些组织每年有来自政府的 6000 块的支持"。① 入驻孵化中心的除了这些兴趣类的自治组织，还有一些做得非常好的治理功能的社会组织，比如被工作人员列为发展得比较好的"兴旺社企同驻共建理事会"。

对于社企同驻共建理事会，"同驻共建"是关键。社区、企业、职工、居民，通过社企同驻共建理事会达到多方参与、多元共治。在"共同缔造"精神的指引下，在明达实业公司法务吴文彪、兴旺社区居委杨艺彬等热心人士的倡议和发动下，兴旺社区成立了全市首个社企同驻共建理事会，旨在紧密企业和社区的联系，共同解决好企业员工的衣食住行、企业发展与社区建设等难题，更好地促进社区和谐、企业发展，为员工和居民创造更好的工作和生活环境。社企同驻共建理事会设社理事长、秘书长各 1 名，并遴选明达实业、松霖卫浴等 20 家知名企业作为首批理事会成员单位。为了实现企业自助和社企互助，理事会还设立环安互助联盟、社企联合调解委员会、家校促进会等多个工作小组。如从企业和社区中寻找社企急需的在环保、安全、财税、法律等领域有丰富实践的专业人才，成立专业人才工作组，提供免费的专业咨询服务，就像街道办干部说的，"社企同驻共建理事会把社区和企业联系起来。有个法律工作者，是调委会里面的志愿者，发挥了很骨干的作用，他本身在企业里面工作。我们的共同缔造，都要请他们出来做工作。大家已经认知了社会治理、共同缔造的理念，所以大家都想来参加"。②

---

① 引自对新阳街道新厦门人服务综合体工作人员黄涛、林巧彬的访谈，2015 年 7 月 15 日。
② 引自新阳街道办座谈会，2015 年 7 月 8 日。

社企同驻共建理事会不但作为重点培育的社会组织顺利进驻新阳街道新厦门人社会组织孵化基地，获得专业的指导，而且通过吸引100多家企业加入QQ、微信群，实现成员之间的线上交流，共享心得、互享经验。

理事会成员每月至少走访收集意见1次以上，成员会议每季度召开1次，会议召开3日前，在公开栏内对会议召开的时间、地点、主要内容进行公示，以便征求居民和有关方面的意见。议事大多是关于目前社区建设中存在的问题、群众呼声最高的问题及解决办法。比如长期以来让企业员工非常头疼的子女四点钟放学至家长下班这段"管理真空"，由个体家庭和单个企业解决的成本都很高，一直是员工和企业的负担。社企同驻共建理事会广泛征集群众意见，在全市率先推动成立半市场化的"四点钟学校"，由尚书屋提供场地并主要负责管理，社区提供电脑、书桌，辖区学校每天派1~2名老师进行监督指导、辅导功课，费用采取公益创投形式由企业包干，彻底解决了困扰员工多年的问题，解决了员工的后顾之忧。除了服务员工之外，劳资纠纷、企业内股东纠纷也需要理事会出动专业人士调解。理事会这一平台通过整合各方资源，调动企业、热心人士、专业人才等投身社区建设的积极性和主动性，更好地服务企业、服务社区居民。进一步增强了社区与企业、企业与企业、员工与居民之间的联系，激发了企业、热心人士和专业人才参与公共事务的热情。

新厦门人服务综合体暨新厦门人社会组织孵化基地为各个社会组织搭建了一个互动共治平台，实现新老厦门人"互动共治、和谐共融"，而其中社企同驻共建理事会的行动促进了社区与辖区企业及其员工和居民之间的相融和互动，调和了企业与社区、新老厦门人之间长期的矛盾和冷漠状态，激发了企业和新厦门人参与社会治理的热情，为企业承担社会责任搭建了平台，促进了政府、企业、社区、新老厦门人的进一步融合。

二 农村地区：立足于村庄发展和重塑社区团结

对于广大农村地区来说，人口外流、经济相对落后是不争的事实。虽然很多村庄在"共同缔造"项目中改变了村容村貌，但农业产业的相对弱势地位和年轻人外流逐渐让以往红火热闹的村庄日益凋敝，凋敝的不仅仅是村庄发展，还有公共生活和社区团结。因此，在农村地区，最受欢迎的社会组织是产业发展协会、合作社这类立足于村庄发展的组织，以及道德评议会、五老会等立足于重塑村庄团结和道德的组织。

1. 带动村庄实现跨越式发展的青礁村院前社济生缘合作社

近年来，我国广大农村出现了一种农民自愿组成的新型互助合作性组织——农村专业经济协会。这类协会采取会员制方式，吸收从事同一行业的农民作为会员，由协会提供产、供、销过程中的服务，并组织会员进行专业化生产、一体化经营。这种新型互助合作组织一出现就显现了强大的生命力，受到广大农民的欢迎。在"共同缔造"中，农村地区不仅改变了村容村貌，变得美丽非凡，而且逐渐形成"生态美、百姓富"的新农村形态。在青礁村院前社，他们不仅通过"共同缔造"与政府形成了伙伴关系，建立了新的边界格局，成功改造了自己的村容村貌，而且成立了青礁村院前社济生缘合作社，带动村庄经济发展，形成了有产业保障的良性发展格局。

用海沧街道某干部的话说，青礁村院前社济生缘合作社的成立是"他们一群小年轻"折腾出来的。合作社理事长陈俊雄说，他们成立合作社最初是"为了避免慈济东宫的悲剧再发生"。"以前慈济东宫是整个青礁村的，后来由于种种原因被政府接管"。"后面我们村（在慈济东宫方面）一点收入也没有，我们摆个摊都要让人家喊过来喊过去。……如果当时是我这样的年轻人（管理的话），最少我要有一半的说话权。为了避免以后发现这种情况，我们必须先有组织后发展。"[1] 保护村庄资源和话语权的动力促进了合作社的成立，以陈俊雄为首的一群在外漂泊的年轻人就这样回村成立了济生缘合作社，"我们成立这个机构也是为了服务村民。我们也可说见多识广，很多资源进来，有些会伤害村庄，伤害村民，我们要替他们把关，让村庄有序发展。当然也要避免三步 1 个烧烤、三步 1 个 KTV，那个对当地的村民没什么好处。我们发展休闲旅游，既不能扰民，又能让村民增加收入"。[2]

村庄要发展，更要有序发展，合作社从流转村庄土地做城市菜地开始。其实最开始村民并不相信这些年轻人能办成事，不敢把土地交给他们。他们就用村中闲了几十年的荒地做城市菜地，"下了血本"清理村中道路，把原先荒地上贫瘠的土拉走，进行土壤改良。这一点让村民觉得这帮年轻人是真的在做事业。他们通过改造荒地获得了村民们的信任，合作社也成功流转到第一批土地。村民以土地入股，同时到菜地耕种还能拿工资，收入比以前稳定。按照合作社的方式种植蔬菜会以比原来翻一番的价格被合作社收购，以

---

[1] 引自对海沧区青礁村院前社济生缘合作社理事长陈俊雄和台湾大学建筑与城乡研究发展基金会规划师李佩珍的访谈，2015 年 7 月 11 日。
[2] 引自对海沧区青礁村院前社济生缘合作社理事长陈俊雄和台湾大学建筑与城乡研究发展基金会规划师李佩珍的访谈，2015 年 7 月 11 日。

无公害、绿色蔬菜的形式统一销售、配送，"以前价格波动，下雨天、台风天损失，现在这种城市菜地有很稳定的收入。有个老叔说，'我真想不到，种菜也能见到领导！'"① 济生缘合作社从2014年3月计划成立到5月真正落地，开始只有15个成员、40亩土地，年底合作社发展太快导致资金跟不上，成员扩充到30人，发展十分迅速。同时，合作社的业务范围也不仅仅局限在蔬菜种植方面，在不断拓展。

来认领菜地的城里居民口耳相传比新闻推广效果还好，他们周末来到村庄纷纷提出希望能提供餐饭，合作社的年轻人从零开始做餐饮，"那时候我天天在菜地洗碗、洗地板"。2015年初，合作社着手准备民宿项目。随着"共同缔造"的深入，院前社名气越来越大，两批私人的外交夏令营找到合作社，认为院前社的环境很好，提出想在这里办夏令营，需要住宿。就这样，院前社的民宿7月落成，立刻预订到了8月。"所以感觉一直被推着往前走。本来他们只想种菜而已，但后来有人来了要吃东西，他们就弄个厨房，现在又要住宿，就这样一步一步被推着走"。② 被推着走的小陈理事长被台湾社工李老师引荐认识了台湾的马克和他的朋友"凤梨博士"，他们都认为院前社可以建凤梨酥观光工厂，用一个半月时间打造出凤梨酥观光工厂，正赶上俞正声主席来参观，并得到了俞正声主席"你们的凤梨酥比台湾的还好吃"的评语。小陈理事长对合作社在乡村观光旅游中的定位很明确："我们的定位是亲子、

---

① 引自对海沧区青礁村院前社济生缘合作社理事长陈俊雄和台湾大学建筑与城乡研究发展基金会规划师李佩珍的访谈，2015年7月11日。
② 引自对海沧区青礁村院前社济生缘合作社理事长陈俊雄和台湾大学建筑与城乡研究发展基金会规划师李佩珍的访谈，2015年7月11日。

科普、参与，我们不做寻常的农家乐，……我们吃饭很简单，你没得选择，也没得点菜，我安排什么你就吃什么。我们不接散客，来的都是亲子、学校的，我不希望有一桌在那喝酒抽烟。对于散客，我们在引导村民做农家餐厅。"① 合作社做的是"高端大气上档次"、集城市菜地、餐饮、民俗、观光工厂一条龙服务于一体的乡村旅游，在迅速拓展业务的过程中，合作社还关注村庄文化生活，并团结了一批年轻人，可以说合作社对村庄的贡献不仅仅在于经济方面，更体现在文化和凝聚力上。

合作社对村里的古厝维修之后将其"活化"为国学讲堂，支付一些租金和维修金，房主非常开心，也给村庄文化带来了活力。最让村民放心的是合作社让一批原来混在村上的年轻人走上了正轨。厦门市郊的村庄中，家庭生活条件普遍都不错，很多年轻人都游手好闲、"啃老"，不认真工作。由年轻人组成的合作社的建立吸引了其他年轻人的目光，也让他们的父母看到了希望。"村中的'混混'跟着我们，他们的父母也很放心，我跟他们的父母承诺'跟着我赚钱不敢保证，但是我不会带他们学坏'。"②

济生缘合作社的发展壮大离不开政府的支持。在"共同缔造"精神的引领下，济生缘合作社与政府的关系始终不是上下级，而是合作关系。"我常跟政府讲的一句话是'我办事你放心'。比如说餐饮，不管什么层次的领导来，我都办得很不错。我们不是很勉强，我们是很幸福地在干。比如李瑞环来的那次，他一走我们都觉

---

① 引自对海沧区青礁村院前社济生缘合作社理事长陈俊雄和台湾大学建筑与城乡研究发展基金会规划师李佩珍的访谈，2015 年 7 月 11 日。
② 引自对海沧区青礁村院前社济生缘合作社理事长陈俊雄和台湾大学建筑与城乡研究发展基金会规划师李佩珍的访谈，2015 年 7 月 11 日。

得很开心——院前人接待了这种人物！这是有史以来来过的最大的官！后面政府也会觉得我们放心。我跟政府也是互相办事的，我为政府做的是接待、门面；政府为我做的如产业发展方面的帮忙。我跟政府合作不会无厘头要求政府怎么样怎么样，让它觉得跟我们共事很舒服。我经常说'麻烦你帮我做'"。小陈理事长将自己的位置摆得很正，将合作社定位为既不是政府的下级，又不是政府的对抗者。他不完全听政府的吩咐行事，有自己的想法，同时也会利用政府对自己的帮助来完成很多让合作社和政府双赢的工作。他和政府的关系在"麻烦你帮我做"这句话上体现得淋漓尽致：对于合作社来说，政府是协助者，政府协助合作社完成合作社的任务，来达到政府与社会的双赢。

2. 激活原有村庄文化资源、维护村庄团结和谐的洪塘村"道德评议会"[①]

随着村庄人口的外流，村庄公共生活有所缺失，以往的熟人社会虽然没有改变，但熟人社会被赋予的社会文化功能和公共职能却无法重新被激活。天竺山脚下的洪塘村也是这样一个传统的村落。与海沧许多"城中村"常住人口与流动人口严重倒挂不同，洪塘村流动人口占总人口的比重不足四成，仍然保留着典型的乡村社会生活方式，是典型的"熟人社会"。但是熟人之间出现纠纷大多采用诉讼或司法调解方式来解决，当事人往往又不能积极主动履行职责，矛盾无法得到圆满解决，产生诸多"后遗症"，影响村庄公共生活和团结。

[①] 本案例参考黄剑敏：《洪塘村"道德评议会"》，载于《厦门市海沧区"美丽厦门 共同缔造"社会治理实践案例汇编》，第107~109页。

2013年8月,在"共同缔造"精神的指引下,洪塘村由老年协会的会长、乡贤理事会成员、洪塘小学退休老校长蔡火春发起组建"道德评议会"。评议会的成员以退休老教师、老党员、老模范为主,都是在村里威信较高、说理能力强、善做群众工作的老人。评议会的成立主要得益于村庄的资源基础。洪塘村有60岁以上老人近400人,将近占全村人口的15%,很早就成立了老年协会,协会活动众多,连续举办了六届重阳节敬老活动日、五届老人运动会、两届"好媳妇"评选活动,洪塘村也获得省级敬老模范村称号。道德评议会的建立彻底激活了有威望的老年人在洪塘村的作用,充分发挥这股民间力量在文化活动、邻里纠纷调解、维护乡村和谐中的作用,起到了意想不到的效果。

道德评议会成员的主体是"老年义工队",由村里热心公益事业、家庭负担比较轻的正直老年人参加,按照7个自然村分成7个"义工小分队",每个小分队队长由该自然村党小组组长来担任,并设1名副队长,充分发挥党组织引领作用,吸纳村里老人中的"热心人""正直人"参与,完全自愿自觉,并实行自主管理。由道德评议会成员组建的义工队伍,结合老年人喜欢在早晨和傍晚散步的习惯,每天组织早晚两次"巡逻",每次最少两个老人一起巡逻,佩戴"亮明身份"的"红袖章"、挥扬起"小红旗",带上"小哨子",从村头村尾、房前屋后、田间地头走一遭,既锻炼身体,又为村民服务,看看村里有没有"可疑人物"、有没有"不寻常"迹象、有没有"不文明现象",对不道德不文明行为做到随时发现、随时制止,及时掌握村庄内一些邻里间的矛盾纠纷,做到矛盾隐患第一时间发现、纠纷苗头第一时间报告、调处介入第一时间到位。在排查出可能存在的矛盾纠纷后,道德评议会发挥其成员都是德高望重的老人家、熟悉村庄内各家情况的优势，依靠传统的村庄乡土伦理和文化感染力，从矛盾纠纷两家老人的思想工作做起，通过老人的影响力来缓解年轻人因冲动而爆发矛盾的情况，让发生矛盾的双方家长"你管好你子女，我管我子女"，"双管齐下"，用道德的力量和熟人之间的约束化解邻里之间的矛盾，尽量在不伤村民和气的情况下，妥善处置矛盾纠纷。洪塘村龙井社之前有两大派系，一大派姓洪，一大派姓周，两姓之间因花卉基地征地问题发生冲突，互不嫁娶甚至互不说话已经有几年的时间了，道德评议会成立后竟然解决了这一"历史难题"：老人们一有空就找两姓人家上门话家常，一批接着一批做工作，终于解开了双方的心结，恢复了友好睦邻关系。

老话说"家有一老，如有一宝"，在传统社会老年人对村庄来说是一笔财富。随着时代的快速发展和变迁，似乎老年人所具备的经验、道德威信慢慢不复存在，老年则代表"落伍"。但是在洪塘村，随着道德评议会工作的推进，老年人对村庄治安、矛盾调解、公共生活的作用却日渐重要起来。几年来道德评议会调解矛盾成功率几乎100%，实现了"无越级上访""大小事不出村"，洪塘村成为名副其实的"无讼社区"；洪塘村还成立了"温馨夕阳文艺队"，开展了"好媳妇"评选等活动，彻底激活社区的传统文化，使人际关系更加融洽，促进和谐乡村建设，对维护社区共同体的团结和提高凝聚力作用巨大。在洪塘村，大家敬老因为他们年轻时候的付出，更因为他们现在的努力值得尊敬。

上文所述的4类社会组织是海沧区遍布城乡的社会组织代表，他们的行动见证了海沧区社会空间的拓展，社会服务和社会治理走向多元化的路径。

第四节 小结与讨论

一 小结

海沧区经历了二十多年的快速发展，多元的经济类型和众多外来人口创造了海沧区发达的经济，也产生了多元的社会需求。以往的社会保险和社会救助的保障体制已经不能满足日渐增长的社会服务需求。而人民群众日益多元化的社会服务需求呼唤着社会服务的提供者——社会组织。"美丽厦门、共同缔造"精神应运而生，很好地回应了日渐多元的社会需求和这种社会政策新趋势。

海沧区政府在"共同缔造"精神的感召下着手培育社会组织，以提供更加完善、更加符合社会需求的社会服务。他们一方面让渡部分服务类别和行动空间，向社会组织购买专业的服务，社会组织获得发展空间和项目资源，得以迅猛发展。政府从无所不能的全包政府变为"有所为、有所不为"的有限政府，减小压力轻装上阵。另一方面，政府采取政策扶持、孵化基地建设、推动政府购买服务的机制和规范登记管理等具体措施来培育和规范社会组织。特别是政府从引导社会组织"本土化"入手，引导社会组织提供的服务与本地群众的实际需求进行连接，以此培育社会组织的持续发展能力。

在政府的培育和空间让渡之下，在"共同缔造"精神的指引下，海沧区的社会组织在数量、类型和质量方面都有了很大发展。在城市地区，最受欢迎是社会服务和文化生活类的社区自组织和促进新老厦门人、社区和企业融合的社会组织。前者以海虹社区居民大学和海虹艺术团为代表，极大地丰富了群众的业余生活，逐渐把陌生的社区变为熟人社区,增强社区的凝聚力,给略显冷漠的城市社区注入了活力;后者以新厦门人社会组织孵化基地暨社企同驻共建理事会为代表,尝试做企业、社区、外来打工者、本地居民之间连接的纽带,促进了社区与辖区企业之间的相融和互动,实现新老厦门人的"互动共治、和谐共融",激发了企业和新厦门人参与社会治理的热情,促进了整个社会的融合与团结。在广大农村地区,虽然很多村庄在"共同缔造"项目中改变了村容村貌,但农业产业的相对弱势地位和年轻人的外流逐渐使村庄凋敝。因此,在农村地区,最受欢迎的社会组织就是产业发展协会、合作社这类立足于村庄发展的组织,以及道德评议会、五老会等立足于维护村庄团结和道德的组织。前者以青礁村院前社济生缘合作社为代表,他们带动村庄经济发展,形成了有产业保障的良性发展格局,城市菜地、餐饮、民俗、观光工厂一条龙的乡村旅游,同时改变了与政府的关系,实现了与政府之间的平等伙伴关系和良性互动模式;后者以洪塘村"道德评议会"为代表,评议会的成员以退休老教师、老党员、老模范为主,彻底激活社区的传统文化,使人际关系更加融洽,促进和谐乡村建设,对维护社区共同体的团结和提高凝聚力作用巨大。

"共同缔造"指引下的社会组织发展拓宽了社会空间,厘清了政府与社会的边界,让政府能够成为轻装上阵的有限政府,同时满足群众多元化的社会需求,形成了政府、企业、社会多元治理和服务格局,为创建社会主义和谐社会做出更好的贡献。

二 讨论

1. 社会工作的专业优势

在以上几个案例活动中,我们经常能够看到社会工作专业工作者的身影，能够感受到他们在社会组织培育、工作开展、发动村居民参与等过程中所起到的作用。在社区居民大学成立、规章制度设置、课程设置等过程，以及在济生缘合作社发动群众参与的过程中，我们都可以感受到专业社会工作的力量。社会工作是一门专业的学问，用专业的工作方法将政府、社会组织和民众连接到一起，调节政府、社会组织、民众之间的关系，而海沧区的特色更在于，这里的很多社会组织将社会工作的专业性与本土性进行了很好的融合，使项目进展得顺畅又接地气。因此，我们需要充分认识社会工作的专业性，发挥社会工作的专业素养，将其与本地实践结合在一起，让社会组织更专业、更顺利地发展。

2. 社会组织的独立性

社会组织作为第三部门，通常是独立于政府而存在、与政府逐渐形成互助的伙伴关系。在中国现阶段，由于社会发育不足、自组织能力不高，社会组织的成长发育需要政府的扶持和帮助，但是政府过于强势和干预会造成社会组织发展走到"共同缔造"精神的反面。"共同缔造"精神是全社会共同参与，社会组织培育在其中占据重要位置。而社会组织的生长、发育需要时间和过程，并不是经过发展培育就能一蹴而就的。我们欣喜地看到海沧区民政部门清醒地认识到这个规律，并没有一味将增加数量作为目标，而是更加注重社会组织的行动质量和效果。但同时，我们还应看到政府强势培育社会组织过程中隐藏的风险。对于政府来说，社会组织是独立、平等的主体，而不是为政府完成任务的下属单位。社会组织的职能和服务项目应是自身发展所决定的，而非政府的规定动作，不能成为政府的派出机构。这需要政府与社会组织共同努力，政府需要摒弃强政府的思维惯性，让渡社会行动空间，将社会组织当成平等的主体对待；社会组织需要保持独立性，面向全社会寻求资源，摒弃依靠政府的简单思想，这样才能拥有更多自主性和独立性，更好地完成社会服务，创造和谐社会。

3. 政府培育社会组织的偏好和局限性

正如前文提到的，政府希望通过"共同缔造"建成一个自发参与、自发协调、自我服务的民间社会，希望用资源自上而下配置的方式激发社会活力。这就产生了一个吊诡的现象：政府用强力行政手段推动社会的建立。而政府培育社会组织的偏好多从自身需求出发，培育那些可以分担自身职责的组织，如直接提供社会服务（如养老教育）的社会组织，和可以丰富群众文化生活的社会组织（如文体类组织）。但事实上，社会组织还有更多类型，如促进社区自身能力建设和能力提升的赋权增能类社会组织，和维权类组织等，这两类社会组织并未进入政府支持培育的名单中。虽然，海虹社区老年大学和济生缘合作社有增强社区能力、提升社区凝聚力的效果，但政府关注的是他们丰富社区文化生活和促进社区产业发展功能，对民间自发的带有社会治理功能的，能力建设类社会组织重视不够，甚至对维权类社会组织有所警惕。这展示了政府用强力行政手段推动社会建立的法本身的局限性：虽然，社会组织蓬勃发展，社会能动性被调动起来，但社会组织类型有所欠缺，"社会"成长并不完全，距离成为独立的"第三部门"尚且有一段路程。

第六章　居住分割与社会融合

快速城市化是近年来中国社会面临的最大问题，中国城市地域规模和人口规模都在急剧膨胀。2000年城镇人口规模为4.59亿人，而2015年底城镇人口为7.71亿人，人口累计增长67.9%。相比发达国家，中国的城市化具有一些特殊性，在快速城市化过程中，一方面大量城郊农民因为征地而经历"被动城市化"[1]；另一方面大量农村人口及城市间流动人口因为户籍等因素而不能在城市长期居住，城市化具有"伪城市化"的特征[2]。在快速城市化的过程中，各种社会经济背景迥异的群体在城市中聚集，城市社会分层现象在所难免。在某种程度上，比关注社会分层话题更有意义的是，关注城市中多元对立的人群，尤其是户籍与非户籍、有工作和无工作、高学历和低学历以及高收入与低收入群体，他们之间能否存在良好的社会融合是城市社会和谐面临的重要挑战[3]。

---

[1] 章光日、顾朝林：《快速城市化进程中的被动城市化问题研究》，《城市规划》2006年第5期。
[2] 王春光：《农村流动人口的"半城市化"问题研究》，《社会学研究》2006年第5期。
[3] 张文宏、雷开春：《城市新移民社会融合的结构、现状与影响因素分析》，《社会学研究》2008年第5期。

在城市社会中，外来人口在社会保障、住房、义务教育、公共服务和权益保护等方面与原有城市人口均面临不同待遇。有研究显示，相对于城市原有居民，不具有城市户籍的外来人口收入更低，对城市生活的满意度也更低[1]；没有城市户籍的居民，也更加不信任小区的邻居和社会上的大部分人，对政府的信任水平也较低[2]。在西方城市化进程中，已然出现了少数弱势群体聚居的社会问题，如果居住分割在中国城市中形成，那么户籍制度所造成的人群身份差距将因为居住空间的分割而长期固化。少数特殊群体聚居，信任、冲突等问题可能会影响某些社会问题的触发机制，极容易在相互影响中形成群体性事件[3]。

以往对"城中村""棚户区""城乡接合部"等主题的研究，已经预示着中国城市内部出现了与户籍相关的居住分割问题。海沧从20世纪80年代的小渔村一跃成为厦门最重要的经济开发区，流动人口规模已经超过本地人口规模。同时过去几年，海沧区在"共同缔造"的理念下，一直在探索流动人口与本地人口的融合机制。本章以厦门海沧为例，希望集中在这样一个小的区域内，探讨在快速城市化过程，居住分割问题的形成机制是什么？居住分割的程度如何？户籍是否已经成为城市居住分割的重要维度，并将基于现有的居住特征，探讨流动人口与本地人口的社会融合问题。

---

[1] 陈钊、徐彤、刘晓峰：《户籍身份、示范效应与居民幸福感——来自上海和深圳社区的证据》，《世界经济》2012年第4期。
[2] 汪汇、陈钊、陆铭：《户籍、社会分割与信任：来自上海的经验研究》，《世界经济》2009年第10期。
[3] 陈杰、郝前进：《快速城市化进程中的居住隔离——来自上海的实证研究》，《学术月刊》2014年第5期。

第一节 文献回顾

在居住分割方面，最早、最著名的研究者是恩格斯[①]。1873年，恩格斯首先在学术史上系统地阐述了进城贫困工人自发聚居，以及由此带来的不同阶层居住分割问题。18世纪工业革命兴起，当时城市在经济层面和生产层面急需工人，但在社会层面和生活层面却完全没有为工人进城做好充分的准备，于是英国城市中的"住宅缺乏"现象日益突出。为了在城市生存和发展，大多数工人便自发地集中居住，形成城市中的棚户区。恩格斯实际上提出了西方在住宅问题上的两个关键问题：广大工人买不起、租不起住宅；随之而来的是居住隔离，即经济、政治和社会领域地位不同的人居住在不同的地区，相互之间开始隔离的问题[②]。

早期的一些社会学家也注意到城市居民的居住隔离问题。1925年，伯吉斯创立同心圆理论，来描述城市中不用区域不同住房中的人们相互隔离的现象。根据同心圆理论，从内城向外，依次会出现贫民区、工厂过渡区、工人住宅区、中产阶层区和上层区。伯吉斯认为，这种不同社会群体居住区的相互隔离是城市化的结果，其中包括集中、分散、隔离、侵入、更替等进程。受地租价格影响，社会阶层地位越高的群体，家庭选择居住地的自由空间越大，社会底层出于上班便利、节约生活成本等的考虑，只能选择居住在市中心或者交通便利之处，这种穷人聚居的现象引发了中产阶层逃离城市

---

① 王道勇、郧彦辉：《西方居住隔离理论：发展历程与现实启示》，《城市观察》2014年第1期。
② 恩格斯：《英国工人阶级状况》，人民出版社，1956。

的浪潮。为此，20世纪六七十年代，美国联邦和州政府开展了大量内城改造、城市重建运动，意在改变不同阶层居住过于分割的状态[1]。

20世纪80年代，新城市社会学兴起，以英国社会学家雷克斯（ArderneJ. Rex）和帕尔（Raymond E. Pahl）为代表的新韦伯主义学派，集中关注"住宅阶级"问题。雷克斯在《种族、社区与冲突》一书中提出了"住宅阶级"的观点，认为住宅对不同阶层群体的冲突有重要的影响。城市内部不同阶层的人们选择不同质量、不同区位的住宅，这并非仅仅由经济因素决定，更是一个由市场机制和官僚体制运作的产物。在城市社会中，国家和私人资本在城市化改造中进行投资，促进城市住房市场的膨胀。在住房市场化过程中，拥有不同住宅的人，形成了不同的"住宅阶级"：一是通过现金购买，拥有自己住宅并住在最令人满意的地宅者；二是通过抵押贷款方式而拥有住宅者；三是通过抵押贷款方式而拥有住宅，但位于不太令人满意地区的住宅者；四是住在政府出租的住宅者；五是住在私人出租的住宅者。整个城市中有住宅的阶级和无住宅的阶级、住宅好的阶级和住宅差的阶级之间，会因拥有的住宅不同而产生冲突，这是当前资本主义国家社会骚乱不断发生的重要原因之一[2]。

在我国城镇化和住房市场化过程中，居住隔离倾向也在逐步显现，特别是人口聚居的大城市，居住隔离的趋势更加明显，比如高收入群体聚居在别墅区和高档住宅区，中上收入群体聚居在高档社区，中等收入群体聚居在普通商品房、两限房社区，中等偏低收入

---

[1] ［美］帕克等：《城市社会学——芝加哥学派城市研究文集》，华夏出版社，1987。
[2] 夏建中：《新城市社会学的主要理论》，《社会学研究》1998年第4期。

群体聚居在经济适用房社区；低收入群体聚居在公租房、廉租房社区；进城农民工和本地征地农村户籍人口聚居在"城中村"或"棚户区"，等等。大城市居住空间上的分异正在逐步形成并日益扩大，城市中的公共物品和社会资源也随着居住空间的分异而逐步走向隔离。公共物品包括教育、医疗、环境、治安，等等。以教育为例，居民都希望接受高质量的教育，但是教育资源属于稀缺资源，于是收入就成为居民获取稀缺教育资源的重要手段。而如果收入越高的社区，对应的教育资源越好，那么居住区分割本身就可能会强化公共物品在社区之间的差异。高收入社区学校教育质量越高，越是吸引高收入者搬入，进一步抬高房价，挤出低收入者。于是，教育市场和住房市场的相互作用会进一步加剧居住区的分割。同时，教育还具有非常强的社会互动特征，学生的成绩受到同学平均成绩的影响，家庭资源禀赋相近的孩子，会表现出相似的学习成绩，即为"同群效应"（peer effects）。同群效应的存在会进一步加强优质教育资源对于高收入家庭的吸引力，进一步加剧城市居住区的分割。城市居住区的分割一旦形成，会带来很多负面影响。首先，公共物品具有外溢效应，弱势群体聚居的社区会降低公共物品的投入质量。拜耳等人的研究[①]表明，因种族因素导致的群体分割和居住区分割显著地降低了黑人家庭的公共物品消费。居住区分割对于犯罪率、教育、劳动力市场等方面都会产生负面影响。艾克韦德等研究显示，在弱势群体聚居的居住区，由于环境、医疗条件较差，传染病产生的概率更高，这是居住分割导致健康差距的原因之

[①] Patrick Bayer, Robert McMillan, Kim Rueben, "The Causes and Consequences of Residential Segregation: An Equilibrium Analysis of Neighborhood Sorting" （Yale University, 2002）, Working Paper.

一。其次，居住区分割一旦形成，居住在同区之内的居民就会相互影响，降低公共政策的效果。以教育为例，即一些教育、基础设施政策偏向低收入的社区，由于低收入人群相互影响和模范，他们的教育投入可能仍然会处于"低水平均衡"。同时，由于高收入群体的集体逃离，公共政策在实践层面的传递也可能会弱化。基于多方面的因素，最后的政策效果会大打折扣。

城乡二元的户籍制度在城市化过程中可能由于居住区的分割加剧公共物品提供的差距。中国城市中的社区医疗中心、卫生室、中小学地方公共服务通常按户籍人口数量配备，这一规则并没有随着城市人口规模快速增长而根本改变。外来人口聚居的城市边缘地区，通常会散布较多的民办医疗机构，而本地户籍人口因为医保条件优势更多地选择公立医疗机构；随着近两年城市公共政策的放开，外来人口子女也可能被名额空缺的公立中小学录取，但这些公立中小学大都处于城市边缘地区，本地户籍家长大都不愿意子女就读于外来人口子女较多的学校。对于优质的公立教育资源，大部分城市往往采取"按片划分、就近入学"的做法分配名额，而本地户籍通常是招生的一个重要前提，这进一步强化了教育作为社区公共物品的性质。另外，在大中城市，学区通常与房产挂钩，高收入家庭竞相选购好学校的住房，抬高学区的房屋价格。低收入家庭没有消费能力，自然失去了获得优质教育资源的机会。由于学校质量在住房价格中的"资本化"运作，学校质量也成为加剧居住区分割的因素，反之，居住区分割也进一步导致了教育质量的分化[1]。

---

[1] 冯皓、陆铭：《通过买房而择校——教育影响房价的实证证据》，《世界经济》2010年第12期。

第二节　户籍与居住差异

　　2011年，中国社会科学院社会学研究所社会政策研究室在江苏太仓开展了一项"太仓市社会建设现代化研究"的抽样调查；2015年，又以"海沧共同缔造研究"为主题，以同样模块进行了第二轮调查。太仓市20世纪90年代以后开始从乡镇企业改革向现代企业模式发展，目前已经成为长三角比较重要的出口加工区，主要以德资企业为主，外来人口占整个市区人口的50%以上。而厦门市海沧区也是从小渔村逐步发展起来开发区，主要以台资企业为主，外来人口在整个市区中占50%以上。这两个区为我们研究居住分割提供了非常好的数据资料。太仓市是内发而成的现代化城市，社区集体在整个城市经济发展过程中贡献了人力、土地，因此以往学者研究指出，太仓市的"社区福利权"具有明显地以"集体为边界"的特征，也意指对于外来人口的排斥是自下而上的集体力量[1]。而海沧区是外部驱动的城市化过程，台商的投资是促使海沧区现代化转型的关键，由台商投资带动整个产业链的发展，最后形成现在的城区规模。两个地区发展路径的差异会影响城市居住区的差异以及公共服务和社会融合问题。本节主要以海沧区为例进一步反思城市人口居住分割对于社会融合的影响。

---

[1] 折晓叶、陈婴婴：《社区的实践——"超级村庄"的发展历程》，浙江人民出版社，2000年12月。

一 居住区差异的度量

关于居住隔离衡量的度量指标研究有很长的历史[①]。Massey 和 Denton[②] 提出从 5 个空间维度来衡量居住隔离:"均质性"(evenness)、"接触性"(exposure)、"集中性"(concentration/isolation)、"向心性"(centralization)、"集聚性"(clustering)。具体而言,"均质性"指的是不同群体在城市中人口分布的均匀程度,"接触性"衡量两个群体接触、交往和互动的可能性,"集中性"衡量少数群体占据区域内空间的数量,"向心性"指的是少数群体集中居住在城市中心的程度,"集聚性"衡量少数群体在区域内居住不对称或不成比例的程度。

在已有研究中,分异指数(Dissimilarity Index)是最常用来衡量居住隔离程度的指标,为此也称为居住隔离 D 指数,由 Duncan 和 Duncan(1955)提出。居住分异指数的直观含义是,从"均质性"维度来看,为了实现人群居住均匀分布而需要重新空间定位的少数群体的比例。居住分异指数的定义式为:

$$D = 0.5 \times \sum_{1}^{n} \left| \frac{x_i}{X} - \frac{y_i}{Y} \right| \tag{1}$$

(1) 式中,假设一个城市 n 个区域单元中分别有群体 1 和群体 2 居住,x_i 和 y_i 分别是区域单元 i 中群体 1 和群体 2 的人数,X 和 Y 分别是全市群体 1 和群体 2 的总人数。居住分异指数取值在 0 和

[①] Duncan, O. D. & Duncan, B., "Residential Distribution and Occupational Stratification", *American journal of Sociology* 60 (1955): 493–503.
[②] Massey, D. S. & Denton, N. A., "The Dimensions of Residential Segregation", *Social Forces* 67 (1988): 281–315.

1之间，如果分异指数为0，则代表两类人群在全市完全均匀分布——所有区域单元内的群体1和群体2的相对比例都与全市比例相同；如果分异指数为1，则代表两个人群完全隔离，居住空间毫无交集；如果分异指数为0.30，则代表全市范围内的群体1需要有30%的人（或群体2要有30%的人，居住分异指数都具有对称性）进行搬迁来实现居住的均匀性分布。

上述居住分异指数只能衡量居住隔离的整体情况，也就是一个城市只能有一个居住分异指数，这在实际研究中具有很大局限性。最新的研究开始提倡，把居住分异指数区分为整体（Global）分异指数和局部（Local）分异指数，这样，一个城市内部每个区域单元都能有一个对本区域居住隔离情况的度量，以揭示城市内部不同区域之间居住隔离的差别性。局部居住分异指数的计算公式如下：

$$D_i = \left(\frac{x_i}{X} - \frac{y_i}{Y} \right) \times 100 \qquad (2)$$

局部居住隔离Di指数表现的是区域i内两个群体的相互居住隔离程度，其取值范围从-100到100。取值为0，则表示两个群体人数按全市人口比例在本居住单元内均匀分布。也就是说，群体1在本区域单元内见到群体2的概率，和在全市范围内群体1见到群体2的概率是一样的。如果局部居住隔离Di指数大于0，则意味着本区域单元内群体1相对群体2而言，在本地更加过度聚居（more over-concentrated），或说"超配"（over-represented）；局部居住隔离Di指数小于0，则反之。而-100和100表示两个群体完全隔离的两个极端情况，比如100代表全市的群体1全部聚居在本社区而群体2则一个都没有，-100则表示全市的群体2完全聚居在本社区而群体1则一个都没有。

在当代欧美城市居住隔离研究中，一般根据居住隔离 D 指数来划分居住隔离程度，0~0.3 认为是居住隔离较轻微，0.3~0.6 为中等，0.6 以上则认为严重。根据美国人口统计署基于人口普查的研究[1]，2000 年全美黑人和白人之间的居住分异指数（分析单元为都市圈，下同）达到 0.640，比 1980 年的 0.727 和 1990 年的 0.678 有所下降，但仍然处于高位；拉美裔与白人的居住分异指数也比较高，达到 0.509，与 1980 年和 1990 年基本持平；然而，亚洲人与白人之间的居住分异指数就只有 0.411，印第安人与白人之间的居住分异指数更低只有 0.333。Massey 分析了 1900~2000 年长周期的种族之间居住隔离演变，2000 年的情况得到相似的结论；但发现如果用州作为分析单位，则黑人的居住隔离程度自 1940 年以来明显下降，而如果用郡为分析单位，则 1940 年以来下降很少，如果以城市或更小的居住单位（tract）为分析单位，1960 年以来反而有所上升[2]。这说明第二次世界大战后，尤其 20 世纪 60 年代黑人民权运动后，美国黑人的居住隔离虽然在州层面得到缓解，但在城市和社区层面反而更加突出，黑人虽然遍布全国，但愈发集中在个别大城市的个别社区中。

中国学者关于居住隔离的研究起步较晚，始于 20 世纪 90 年代后半期。早期这方面的代表作包括：杜德斌与崔裴等对 5 类人口居住空间选择差异性的理论分析和基于深圳蛇口工业区的案例

---

[1] Iceland, J., Weinberg, D. H. & Steinmetz, E., *Racial and Ethnic Residential Segregation in the United States: 1980 - 2000* (Washington, D.C.: U.S. Government Printing Office, 2002).

[2] Massey, D. S., Rothwell, J. & Domina, T., "The Changing Bases of Segregation in the United States", *Annals of the American Academy of Political and Social Science*, 626 (2009): 74 - 90.

分析①，吴启焰与崔功豪对南京6类人群居住空间分异格局的研究②。21世纪以来，随着城市人口流动加快和住房市场化程度加深，城市内部居住隔离的现象日益显现，这方面研究文献数量增长很快，其中较多地集中在对上海居住隔离情况的研究。如李志刚、吴缚龙以第五次人口普查（2000年）的抽样数据考察了上海的居住空间分异情况，研究发现，以户籍为人群划分标准，无论是在居委会还是街道尺度上，无论考察个人还是户主，上海2000年全市居住分异指数仅为0.20～0.28。他们由此认为，上海2000年并不存在严重的外来人口居住隔离③。孙斌栋和吴雅菲利用2006～2007年的上海住房租赁价格数据研究，发现上海市最低收入与最高收入这两个阶层的居住隔离D指数分别为0.56与0.87，明显地高于中间收入阶层（0.35左右）。他们就此提出，中国城市社会结构中的底层聚居现象比较明显，而顶层社会则处于十分严重的隔离状态，中等收入阶层的分布则较为均衡④。陈钊等根据2006～2007年上海部分市区49个小区的1574户家庭抽样数据，计算出户籍与非户籍居民的居住分异指数为0.25，居住隔离程度仍然不高⑤。但由于抽样规模较小，并且相对集中在市区，这个结果可能低估了当时上海居住隔离情况。陈杰等根据第六次人口普查数据，计算出上海市范围内的户籍居住分异指数为0.4562；分区域来看，城区的户籍居

---

① 杜德斌、崔裴等：《论住宅需求、居住选址与居住分异》，《经济地理》1996年第1期。
② 吴启焰、崔功豪：《南京市居住空间分异特征及其形成机制》，《城市规划》1999年第12期。
③ 李志刚、吴缚龙：《转型期上海社会空间分异研究》，《地理学报》2006年第2期。
④ 孙斌栋、吴雅菲：《上海居住空间分异的实证分析与城市规划应对策略》，《上海经济研究》2008年第12期。
⑤ 陈钊、陆铭等：《户籍与居住区分割：城市公共管理的新挑战》，《复旦学报》（社会科学版）2012年第5期。

住隔离程度最低，居住分异指数为 0.4317，镇区的户籍居住隔离程度较高，居住分异指数为 0.4438，乡村的户籍居住隔离程度最高，居住分异指数达到 0.4918。而基于街道单元计算出来的户籍居住分异指数为 0.3373，同样也是城区最低、镇区稍高，而乡村最高[1]。一般认为，居住分异指数小于 0.3，居住隔离程度较轻，0.3~0.6 则中等，0.6 以上为严重[2]。

关于国内其他城市的居住隔离研究，报道比较多的是广州和武汉两个城市。袁媛与许学强研究发现，1990 年广州市街道层面外来人口平均居住分异指数是 0.268，2000 年为 0.378，尚不存在严重的居住隔离[3]。黄友琴和易成栋利用第五次人口普查抽样数据对武汉市所做的研究显示，2000 年武汉市区外来移民相对本地市民的居住分异指数为 0.20~0.25，但各区之间差别较大，近郊区外来移民居住隔离程度严重，居住分异指数达到 0.51~0.62 之高。

二 海沧区的居住差异情况

从客观居住方式看，非户籍人口与户籍人口在居住方式上存在显著差异。非户籍人口的首要居住方式为市场租赁住房，占调查样本的 54.83%；其次为商品房，占 21.01%。户籍人口的首要居住方式是自建房屋，占调查样本的 61.53%；其次为商品房，占调查样本的 28.52%（见表 6-1）。

---

[1] 陈杰、郝前进：《快速城市化进程中的居住隔离——来自上海的实证研究》，《学术月刊》2014 年第 5 期。
[2] Massey et al，"The Dimensions of Residential Segregation"，*Social Forces* 67 (1988): 281-315.
[3] 袁媛、许学强：《广州市外来人口居住隔离及影响因素研究》，《人文地理》2008 年第 5 期。

表 6-1　户籍人口与非户籍人口的居住差异

单位：%

项目	非户籍人口	户籍人口
自建房屋	6.76	61.53
商品房	21.01	28.52
单位集资房	—	0.17
拆迁换房	—	0.50
亲友（借助）	0.72	0.66
雇主提供（临时）	14.98	2.65
市场租赁住房	54.83	5.14
保障房	0.24	0.66
其他	1.45	0.17
总样本数	414	603

海沧区的居住分异指数为 0.54，按照居住分异指数划分，属于中等的居住分割。分类型来看每类社区的居住分异指数，主城区是户籍人口集中分布的区域，此类社区户籍人口占总户籍人口比例的 32%，而非户籍人口的比例则相对较低，仅占非户籍总人口的 15%，两者相异指数为 17.21；村庄也是户籍人口集中分布的区域，户籍、非户籍人口相异指数为 20.53；位于城乡接合部的社区与主城区、村庄恰恰相反，是非户籍人口集中居住的区域，在海沧城乡接合部的社区聚集了 62.75% 的非户籍人口，户籍人口和非户籍人口的相异指数达到了 37.27，已经显现较高的居住分割程度（见表 6-2）。总体上来看，传统的主城区还是以原住居民为主；而城乡接合部则聚集了大量的流动人群。

分街道来看，海沧街道和嵩屿街道是户籍人口集中的区域；户籍人口与非户籍人口的集中度之差分别为 16.25 和 13.87；相反，

表6-2 四类不同类型社区居住分割程度

类型	非户籍人口	户籍人口	占总非户籍人口比重	占总户籍人口比重	局部D指数
主城区	46446	49838	0.14937	0.321517	-17.2146
城乡接合部	195118	39484	0.6275	0.254721	37.27793
镇中心区	33057	15745	0.106311	0.101575	0.473666
村庄	36324	49942	0.116818	0.322188	-20.537
总数	310945	155009	—	—	—

新阳街道是非户籍人口集中居住的区域，新阳街道的非户籍人口占整个海沧区非户籍人口总数的52%，非户籍人口与户籍人口集中度之差为41.57（见表6-3）。

表6-3 四个街道的社区居住分割程度

街道	非户籍人口	户籍人口	占总非户籍人口比重	占总户籍人口比重	局部D指数
海沧街道	29656	39975	0.095374	0.257888	-16.2514
嵩屿街道	87176	64961	0.280358	0.419079	-13.8721
新阳街道	162905	16771	0.523903	0.108194	41.57092
东孚街道	31208	33302	0.100365	0.214839	-11.4474
总数	310945	155009	—	—	—

在局部分异指数极端值分布上，嵩屿街道的6个社区的分异指数在海沧所有社区中超配程度最高，海兴社区和海虹社区最高，为4.51；东屿社区为3.69；后井村为3.65；温厝社区为3.48；青礁村为3.2。而新阳街道的情况与嵩屿街道恰恰相反，新阳街道处于城乡接合部，为非户籍人口主要聚居区，集中了65%的外来人口。在所辖的4个社区中，非户籍人口均超过平均分布比例，其中新桉村比例最高，为25.14；霞阳为13.66；石塘村为5.8；兴旺社区为5.39（见表6-4）。

表 6-4　社区居住分割（D 指数）极端值分布

	村居名	类型	非户籍人口	户籍	占总非户籍人口比重	占总户籍人口比重	局部 D 指数
嵩屿街道	青礁村	村庄	1456	5048	0.01	0.04	-3.20
	温厝社区	城乡接合部	176	4814	0.00	0.04	-3.48
	后井村	村庄	543	5219	0.00	0.04	-3.65
	东屿社区	城乡接合部	1093	5540	0.00	0.04	-3.69
	海虹社区	主城区	11924	11889	0.04	0.09	-4.51
	海兴社区	主城区	9051	10503	0.03	0.08	-4.51
新阳街道	兴旺社区	镇中心区	24000	4255	0.09	0.03	5.39
	石塘村	城乡接合部	26421	4868	0.09	0.04	5.80
	霞阳社区	城乡接合部	45777	3530	0.16	0.03	13.66
	新桉村	城乡接合部	85938	7317	0.31	0.05	25.14

第三节　社区社会融合的测量

一　社会融合的测量

社会融合通常与社会资本衡量的概念相当吻合，纳拉扬等人认为，社会融合的测量指标应该包括参与社团、一般规范（generalized norms）、和睦相处（togetherness）、日常社交（sociability）、邻里联系、志愿主义、信任[①]。卡瓦奇长期研究社会融合与公共服务供给、健康的关系，他测定的社会融合包含信任、参与社团和组织、社会支持、志愿活动、互惠、非正式社交活动、社区凝聚力等内容。不同学者在具体指标上有所差异，最常见的测量主要包含以下

---

① Narayan, Deepa & F. Michael Cassidy, "A Dimensional Approach to Measuring Social Capital: Development and Validation of a Social Capital Inventory", *Current Sociology* 49 (2001): 59–102.

几个维度：参与地方性社团或组织、地方性社会网络、非正式社会互动、信任、互惠、志愿主义、社会支持、社区凝聚力和社区归属感。

根据问卷中的问题，我们的测量里包含特殊信任、一般信任、政治参与、社区归属感和社会支持5个维度。首先，在信任上，本报告区分了"特殊信任"和"一般信任"。其中"特殊信任"是指向特定的对象，本研究指的是对准官方的地方治理组织的信任，其中村（居）委会是我国法定的地方自治组织，在海沧除了村（居）委会，还有一层网格员，是在居委会和村委会之下设定的更小单位的自治组织。海沧区借助"共同缔造"这个契机，将居民自治目标也纳入其中。在具体方法上，将大的社区细化为小的网格，将居民小区（农村为居民小组）与网格合二为一，建立网格的组织框架，提升"网格"①范围内的自治能力。而网格员更贴近居民，起到上通下达的作用，所以其角色也具有特殊性，因此，"特殊信任"衡量的是社区居民对村（居）委会以及网格员的信任程度。第二个测量的维度是"一般信任"，一般信任反映的是陌生人之间的信任，一定程度上可以反映社会的融合程度。第三个维度是政治参与，在广东、北京等地，已经允许流动人口在流入地参与当地人大选举，部分地方政府已经出台了流动人口参与地方选举的具体办法。政治参与体现了地方政府政策对流动人口的进一步放开，是城市社会从排斥流动人口向正式容纳跨出的非常重要的一步，更是体现社会融合非常重要的维度。第四个测量维度是社区归属感，是衡量社区居民对于自身与社区距离的主观

---

① 网格化以道路、空间区域为单位，按多少户划分1个网格，每个网格1~3名网格员，负责网格内所有的人、地、事、物、情，就是人口情况、建筑情况、市政设施配备情况，以及特殊人群的情况。

定位。第五个测量维度是社会支持,在需要帮忙时,流动人口能否获得社区邻居的帮助,这在客观上体现了社区居民之间的融合程度。具体问卷问题和得分如表6-5所示。

表6-5 社会融合的测量维度

测量维度	选项得分
特殊信任	
您在多大程度上信任村委会/居委会?	1(很不信任)~4(非常信任)
您在多大程度上信任网格员?	1(很不信任)~4(非常信任)
一般信任	
一般来说,您认为大多数人是可以信任的,还是和人相处要越小心越好?	1(很不信任)~4(非常信任)
您在多大程度上信任小区里的居民?	1(很不信任)~4(非常信任)
政治参与	
您知道村委会或社区居委会换届选举的时间吗?	0(不知道);1(知道)
最近一次村委会或社区居委会换届选举的时候,您是否去投票了?	0(否);1(是)
社区归属感	
在小区生活有家的感觉。	1(很不同意)~5(非常同意)
我会告诉别人我住在这里很自豪。	1(很不同意)~5(非常同意)
我是小区重要的一分子。	1(很不同意)~5(非常同意)
小区里大部分人愿意互相帮忙。	1(很不同意)~5(非常同意)
如果以后不得不搬走,我会感觉很遗憾。	1(很不同意)~5(非常同意)
社会支持	
您有事是否经常征求邻居的意见?	0(否);1(是)
您是否可以顺利从邻居家借到需要的东西?	0(否);1(是)
如果您有一天要出远门,能不能麻烦小区其他居民帮你收快递、带宠物、收报纸等?	0(否);1(是)
过去三个月,您是否从邻居那里得到过帮助?	0(否);1(是)

从海沧调查数据统计结果看,对网格员信任的分布比对村委会/居委会的信任程度更为分散,其中对网格员很不信任的比例为

16.95%，高于对村委会/居委会的不信任比例（10.81%）；对网格员非常信任的比例为12.83%，也略高于对于村委会/居委会的比例（9.15%）；在一般信任维度上，居民对陌生人的不信任比例较高，为18.62%，而对社区居民不信任的比例最低，为3.8%；而从反向来看，对社区居民的信任和非常信任的比例也相对较高，分别为44.98%和6.73%。在村委会/社区居委会换届选举时间的知晓率上，40.66%的常住人口知道换届选举的时间，43.77%的常住人口参与了社区换届选举的投票。在社区归属感的5个问题中，居民对于"小区里大部分人愿意互相帮忙"认同度较高，同意及非常同意的比例为66.34%；而对"我是小区重要的一分子"的认同度较低，同意及非常同意的比例仅为33.08%。在社会支持上，居民有事经常征求邻居意见的比例为51.8%；可以顺利从邻居家借到需要的东西的比例为79.59%；小区其他居民可以帮你收快递、带宠物、收报纸的比例为75%；过去三个月从邻居那里得到过帮助的比例为60.56%（见表6-6）。

表6-6 城市人口社会融合的统计

单位：%

测量维度	问题	很不信任	一般	信任	非常信任
特殊信任	您在多大程度上信任村委会/居委会？	10.81	42.75	37.29	9.15
	您在多大程度上信任网格员？	16.95	33.59	36.63	12.83
一般信任	一般来说,您认为大多数人是可以信任的,还是和人相处要越小心越好？	18.62	37.43	41.42	2.53
	您在多大程度上信任小区里的居民？	3.8	44.49	44.98	6.73
政治参与	您知道村委会或社区居委会换届选举的时间吗？	知道(40.66)；不知道(59.43)			
	最近一次村委会或社区居委会换届选举的时候，您是否去投票了？	是(43.77)；否(56.23)			

续表

	问题	很不同意	不同意	一般	同意	非常同意
社会归属感	在小区生活有家的感觉。	1.85	9.83	30.77	44.60	12.95
	我会告诉别人我住在这里很自豪。	2.34	22.12	35.58	32.16	7.8
	我是小区重要的一分子。	1.85	28.99	36.09	27.92	5.16
	小区里大部分人愿意互相帮忙。	0.68	9.14	23.74	56.81	9.53
	如果以后不得不搬走,我会感觉很遗憾。	2.43	18.68	24.81	38.72	15.37
社会支持	您有事是否经常征求邻居的意见?	是(51.8);否(48.2)				
	您是否可以顺利从邻居家借到需要的东西?	是(79.59);否(20.41)				
	如果您有一天要出远门,能不能麻烦小区其他居民帮你收快递、带宠物、收报纸等?	是(75);否(25)				
	过去三个月,您是否从邻居那里得到过帮助?	是(60.56);否(39.44)				

二 社会融合的因子分析结果

前文中我们按照理论维度对社会支持进行了归类,那么数据调查的结果是否支持我们的假设分类呢?我们对以下15个与社会融合相关的因素进行了因子分析。因子分析结果中,有5个特征值大于1,最大特征值为2.889,其他依次为2.444、1.661、1.557、1.503(见表6-7),五个特征值解释了总体67.03%的方差。另外KMO值为0.822(见表6-8),再次验证了这15个问题比较适合通过因子分析降维。

从因子负载值结果看,因子1中,5个与社区归属感相关的问题因子负载较高,因子1对应的"社区归属感"潜变量;因子2对应的为"社会支持"潜变量;因子3对应"政治参与"潜变量;因子4对应"一般信任"潜变量;因子5对应"特殊信任"潜变量。

表6-7 社会融合的因子分析结果

项目	社区归属感	社会支持	政治参与	一般信任	特殊信任	共量
您在多大程度上信任村委会/居委会？	0.079	-0.029	0.000	0.008	0.865	0.756
您在多大程度上信任网格员？	0.010	-0.036	-0.037	0.101	0.855	0.744
一般来说，您认为大多数人是可以信任的，还是和人相处要越小心越好？	0.139	-0.023	-0.059	0.828	0.093	0.717
您在多大程度上信任小区里的居民？	0.218	-0.175	-0.048	0.793	0.032	0.711
您知道村委会或社区居委会换届选举的时间吗？	-0.210	0.117	0.892	-0.066	-0.012	0.857
最近一次村委会或社区居委会换届选举的时候，您是否去投票了？	-0.284	0.160	0.853	-0.043	-0.033	0.836
在小区生活有家的感觉。	0.760	-0.105	-0.155	0.094	0.064	0.625
我会告诉别人我住在这里很自豪。	0.837	-0.088	-0.150	0.052	0.050	0.736
我是小区重要的一分子。	0.709	-0.133	-0.170	0.096	0.037	0.560
小区里大部分人愿意互相帮忙。	0.583	-0.270	0.013	0.385	-0.038	0.562
如果以后不得不搬走，我会感觉很遗憾。	0.702	-0.158	-0.143	0.160	0.007	0.564
您有事是否经常征求邻居的意见？	-0.158	0.640	0.093	-0.158	-0.011	0.468
您是否可以顺利从邻居家借到需要的东西？	-0.144	0.785	0.156	-0.072	-0.012	0.667
如果您有一天要出远门，能不能麻烦小区其他居民帮你收快递、带宠物、收报纸等？	-0.166	0.806	0.052	-0.009	-0.017	0.680
过去三个月，您是否从邻居那里得到过帮助？	-0.066	0.749	0.025	-0.042	-0.045	0.570
特征值	2.889	2.444	1.661	1.557	1.503	10.054
平均方差	19.26%	16.29%	11.08%	10.38%	10.02%	67.03%

表 6-8　KMO 和 Bartlett 的检验

取样足够度的 Kaiser-Meyer-Olkin 度量		0.822
Bartlett 的球形度检验	近似卡方	4735.182
	df	105
	Sig.	0.000

将 5 个因子析出后，我们对非户籍人口和户籍人口进行了分类分析，总体上看，非户籍人口和户籍人口在社会融合上还是存在一定差异的。在社区归属感上，户籍人口的得分为 0.207，非户籍人口的得分为 -0.301，户籍人口明显高于非户籍人口，两者差异为 0.508，T 检验显著；在社会支持上，户籍人口的得分为 0.078，非户籍人口的得分为 -0.112，两者差距为 0.19；在政治参与上，户籍人口得分为 0.381，非户籍人口得分为 -0.551，两者差距为 0.932，T 检验结果为 21.82%，两者差异巨大且非常显著。在一般信任上，户籍人口得分为 0.042，非户籍人口得分为 -0.061，两者相差为 0.103；在特殊信任上，户籍人口得分为 0.007，非户籍人口得分为 -0.010，两者相差为 0.017，两者差异在统计上不显著。

表 6-9　户籍人口与非户籍人口在社会融合评分上的差异

项目	户籍人口	非户籍人口	T 检验值（%）
社区归属感	0.207	-0.301	9.95***
社会支持	0.078	-0.112	3.60***
政治参与	0.381	-0.551	21.82***
一般信任	0.042	-0.061	2.385***
特殊信任	0.007	-0.010	0.386
样本数	610	442	

注：*** 代表在 1% 的水平上显著。

第四节 社区社会融合的影响因素

不同类型人口在社会融合程度上存在本质差异，从上文我们也看到，户籍人口在社区归属感、社会支持、政治参与、一般信任和特殊信任5个方面都具有比非户籍人口更高的评分，这一点与逻辑也是相符的，户籍人口世代聚居此地，在本地的社会、文化、政治参与等方面具有先天优势。为了更清楚地看到居住格局对于不同类型人口社会融合程度的影响，我们分人群分析个体因素和空间因素对于不同类型社会融合度的影响。

一 社区归属感的影响因素

对本地人口来讲，第一，已婚家庭社区归属感较高，比未婚家庭高21.9%，并在5%的水平上显著；第二，受教育水平越高的人群社区归属感越低，高中/职高人群相对于小学及以下的人群，社区归属感水平降低了24.2%，这一方面可能说明学历越高的人社会流动性越高，所以社区归属感的程度越低，另一方面这类人群由于有更广泛的社群，可能对社区事务的参与性也更低；第三，党员和社区干部身份相对于非党员、非社区干部身份的居民社区归属感更高，党员的社区归属感得分比非党员高29.6%，社区干部比普通居民社区归属感得分高30.5%；第四，住房对于本地人口的社会融合也具有重要影响，相对居住于自建住房的本地人群，居住于商品房的居民社区归属感降低15.5%，市场租赁住房的居民社区归属感降低33%，居住于雇主提供宿舍的居民社区归属感降低51%。住房是体现社会空间隔离的最好方式，自建住房居民更类似于传统的熟人社区，人与人之间彼此熟识，世代居住于此，对社区归属感自然较高，而其他几类居住形式更多与市场化、产业结构转型、职业流动密切相关，更多是为了其他社会功能选择聚居一处，人与人之间熟识程度较低。在此类人群中，居住分割对社区归属感的边际效应仅为0.003，且不显著。

对于省内流动人口来讲，就业单位类型是影响其社区归属感的重要因素，相对于"党政机关/事业单位/社会团体"就业单位属性，就业于"私营/合资/集体企业"的人群社区归属感降低77.4%，且在5%的水平上显著。

对省外流动人口来讲，年龄是一个影响社区归属感的因素，年龄每增长1岁，社区归属感得分增加0.01。就业单位类型是影响社区归属感的第二个因素，相对于"党政机关/事业单位/社会团体"，"国有企业"单位就职的流动人口社区归属感降低1.099；"私营/合资/集体企业"就职的流动人口社区归属感降低1.171；"个体/家庭经营/自由职业"就职的流动人口社区归属感降低1.206。孩子就读本地幼儿园是促进社区归属感的因素，"有孩子读幼儿园"比"没有孩子读幼儿园"的家庭社区归属感得分高28.4%。在住房上，省外流动人口的居住选择与社会融合的关系与本地人口恰好相反，相对于居住在"自建住房"的省外流动人口，居住在"商品房"中的省外流动人口社区融合得分高62.9%，以"保障房、亲属借宿等方式"居住的省外流动人口社区归属感得分高98.8%。

二 社区社会支持的影响因素

社区社会支持比社区归属感更进一步地体现了社区融合的程

表 6-10 "社区归属感"的影响因素（分人群回归结果）

因变量：社区归属感			
自变量	本地人口	省内流动	省外流动
性别	0.056	-0.078	0.067
年龄	-0.003	0.001	0.010*
婚姻	0.219**	0.273	0.207
受教育水平（参照组：小学及以下）			
初中	-0.055	0.092	-0.288
高中/职高	-0.242**	-0.075	-0.315
大专及以上	-0.212	0.126	-0.236
家庭收入（对数）	0.004	-0.022	0.051
党员（是=1）	0.296***	-0.178	0.101
社区干部（是=1）	0.305**	0.546	-0.768
就业单位类型（参照组：党政机关/事业单位/社会团体）			
国有企业	-0.001	0.069	-1.099**
私营/合资/集体企业	-0.039	-0.774**	-1.171***
个体/家庭经营/自由职业	-0.11	-0.555	-1.206***
有孩子读幼儿园（有=1）	-0.081	-0.164	0.284*
有孩子读小学（有=1）	0.106	0.129	-0.18
住房（参照组：自建住房）			
商品房	-0.155*	-0.009	0.629**
雇主提供	-0.510*	-0.315	0.381
市场租赁	-0.330**	-0.099	0.257
保障房、亲属借宿等方式	-0.304	-0.016	0.988**
居住分割程度	-0.003	0.002	0
常数	0.286	0.465	-0.378
观测值	542	188	189
拟合值	0.102	0.118	0.214

注：* 代表在10%的水平上显著，** 代表在5%的水平上显著，*** 代表在1%的水平上显著。

度，反映居民在有客观需求时是否能得到相应反馈。就本地人口来说，年龄是影响社区社会支持的首个因素，年龄越高的人，社区社会支持评分越高；其次是住房，相对于"自建住房"的在地居民，商品房和市场租赁住房获得的社会支持概率更低，居住商品房的居民获得社会支持的概率将比居住自建住房的居民低34.8%；居住于市场租赁住房的居民获得社会支持的概率将比居住于自建住房的居民低63.3%。在地居民内部比较来看，自建住房的居民建构的熟人社区，相对于商品房和市场租赁住房，社区社会支持的程度更高。

对于省内流动人口来讲，婚姻是促进社区社会支持的重要因素，已婚家庭比未婚家庭获得社会支持的比例要高64.3%；在住房上，与本地居民具有很大的差异，居住在市场租赁住房的居民，获得社会支持的比例更高，比居住在自建住房的居民高出66.3%，这可能是因为流动人口更容易抱团居住于租赁住房，彼此之间能够获得更大的帮助。同时，居住分割程度对社区社会支持的影响显著。对省内流动人口来讲，居住分割程度越高的社区，社区社会支持的得分也越高。这进一步验证了前面的假设，即流动人口聚居度越高的地方，本地人口与流动人口居住分割水平越高，但流动人口抱团居住，可能获得社会支持水平也越高。

对省外流动人口来说，主要有两个显著因素影响居民的社会支持评分。首先是居民是否有子女在打工地就读幼儿园，有孩子就读幼儿园的家庭比没有孩子读幼儿园的家庭社会支持评分高55.8%；其次是居住分割程度，与省内流动人口趋势一致，居住分割程度越高的社区，流动人口获得的社会支持水平也越高，这说明流动人口之间的社会支持程度远高于流动人口与本地人口之间的社会支持程度。因此，在两者居住分割程度越高的社区中，流动人口反倒表现出越高的社会支持水平。

表 6-11　社区"社会支持"的影响因素（分人群回归结果）

因变量:社会支持			
自变量	本地人口	省内流动人口	省外流动人口
性别	0.052	0.231	0.08
年龄	-0.005*	0.011	-0.004
婚姻	-0.062	0.643***	0.046
受教育水平(参照组:小学及以下)			
初中	0.038	-0.149	-0.173
高中/职高	0.066	-0.366	0.109
大专及以上	0.034	-0.462	-0.073
家庭收入(对数)	-0.005	-0.02	0.051
党员(是=1)	-0.035	0.22	-0.132
社区干部(是=1)	-0.143	-0.03	0.612
就业单位类型(参照组:党政机关/事业单位/社会团体)			
国有企业	-0.179	0.019	0.64
私营/合资/集体企业	-0.026	0.104	0.333
个体/家庭经营/自由职业	-0.081	0.16	0.342
有孩子读幼儿园(有=1)	-0.015	0.148	0.558***
有孩子读小学(有=1)	0.113	0.202	0.017
住房(参照组:自建住房)			
商品房	-0.348***	0.506	0.443
雇主提供	-0.132	0.043	0.401
市场租赁	-0.633***	0.663**	0.155
保障房、亲属借宿等方式	0.107	0.17	0.84
居住分割程度	0.005***	0.005**	0.009***
常数	-0.333	0.945	-0.19
观测值	542	188	189
拟合值	0.108	0.186	0.249

注：* 代表在 10% 的水平上显著，** 代表在 5% 的水平上显著，*** 代表在 1% 的水平上显著。

三　政治参与的影响因素

此处的政治参与主要是指参与社区居（村）委会委员选举的情况。从回归结果中可以看到，省外流动人口应答率为 189，仅占整个调查样本数的 34%，说明省外流动人口参与社区选举的概率还不高。

就本地人口来讲，已婚人口参与社区选举的概率比未婚人口高 15.1%；社区干部参与社区选举的概率比普通居民高 35.6%；在居住空间上，相对于自建住房的住户，商品房住户参与选举的概率降低 87.5%，居住于雇主提供住房的居民降低 1.508 倍；居住于市场租赁住房的居民降低 94.4%。

就省内流动人口来讲，党员身份是影响社区选举的重要因素，具有党员身份的省内流动人口，参与社区选举的概率比没有党员身份的高 25.9%；其次是住房，居住于市场租赁住房的住户，其参与选举的概率比居住于自建住房住户低 33.5%；以保障房、亲戚借宿等方式居住的住户选举概率低 42.9%。同时，居住分割程度对于选举的影响为负向，意味着居住分异水平越高，省内流动人口参与选举的概率越低。这一点比较符合同类群体之间的同伴效应（peer effect），同类人群之间更容易互相强化一种行为。

就省外流动人口来说，社区干部身份是影响社区选举的重要因素，具有社区干部身份的省外流动人口，参与社区选举的概率比没有社区干部员身份的高 95.5%，因为省外流动人口参与社区选举的概率非常低，这个回归结果的拟合程度非常低，仅为 0.091。

表 6-12 社区"政治参与"的影响因素

自变量	本地人口	省内流动	省外流动
因变量:政治参与			
性别	-0.085	0.069	0.013
年龄	-0.004	-0.003	0
婚姻	0.151*	0.068	0.152

续表

因变量:政治参与			
自变量	本地人口	省内流动	省外流动
受教育水平(参照组:小学及以下)			
初中	-0.017	-0.059	-0.115
高中/职高	-0.125	-0.192	-0.114
大专及以上	-0.059	-0.08	-0.224
家庭收入(对数)	-0.001	-0.017	0.009
党员(是=1)	0.033	0.259**	0.076
社区干部(是=1)	0.356***	0.027	0.955*
就业单位类型(参照组:党政机关/事业单位/社会团体)			
国有企业	-0.122	-0.083	-0.09
私营/合资/集体企业	0.083	0.279	-0.111
个体/家庭经营/自由职业	0.065	0.312	-0.134
有孩子读幼儿园(有=1)	0.027	0.083	0.092
有孩子读小学(有=1)	-0.049	-0.085	-0.128
住房(参照组:自建住房)			
商品房	-0.875***	0.178	0.269
雇主提供	-1.508***	0.23	-0.011
市场租赁	-0.944***	-0.335**	0.18
保障房、亲属借宿等方式	-0.587***	-0.429**	0.158
居住分割程度	0	-0.002**	0
常数	-0.336	0.388	-0.653*
观测值	542	188	189
拟合值	0.415	0.219	0.091

注:* 代表在10%的水平上显著,** 代表在5%的水平上显著,*** 代表在1%的水平上显著。

四 一般信任的影响因素

本地人口的一般信任水平主要受三方面因素的影响:第一,受教育水平，受教育水平越高的人口一般信任水平越低，其中大专及以上学历人口的一般信任水平比小学及以下人口低22.7%，且在10%水平上显著；第二，党员身份，具有党员身份群体的一般信任水平比非党员一般信任水平高20.5%；第三，是否有孩子读幼儿园，有子女读幼儿园的家庭一般信任水平比没有子女读幼儿园的一般信任水平高16.3%。

从省内流动人口来看，受教育水平也是影响一般信任水平的重要因素，但是与本地人口的影响方向是相反的，受教育水平越高，一般信任水平也越高。其中具有高中/职高受教育水平的省内流动人口比小学及以下人口的一般信任水平高30.2%；住房也是影响省内流动人口一般信任水平的重要因素，居住于商品房的省内流动人口，其一般信任水平比居住于自建住房的家庭低41.6%。

从省外流动人口来看，性别也是影响一般信任水平的重要因素，男性流动人口比女性流动人口的一般信任水平高25.1%；家庭收入是影响一般信任水平的第二个因素，收入水平越高，一般信任水平越低，其边际效应为-0.065；住房是影响一般信任水平的第三个因素，居住于商品房的居民相对于居住于自建住房的居民一般信任水平更高，其差值比例为48.2%。

表6-13 社区"一般信任"的影响因素

因变量:一般信任			
自变量	本地人口	省内流动	省外流动
性别	0.063	-0.12	0.251**
年龄	0.002	-0.003	0.004
婚姻	-0.11	0.124	0.031

续表

因变量:一般信任			
自变量	本地人口	省内流动	省外流动
受教育水平(参照组:小学及以下)			
初中	-0.064	0.096	0.232
高中/职高	-0.17	0.302*	0.276
大专及以上	-0.227*	0.205	0.197
家庭收入(对数)	-0.006	0.014	-0.065*
党员(是=1)	0.205**	0.149	0.105
社区干部(是=1)	0.109	0.333	0.563
就业单位类型(参照组:党政机关/事业单位/社会团体)			
国有企业	0.072	-0.228	-0.38
私营/合资/集体企业	-0.071	0.086	-0.171
个体/家庭经营/自由职业	-0.001	0.275	0.035
有孩子读幼儿园(有=1)	0.163**	-0.025	0.092
有孩子读小学(有=1)	-0.063	0.05	-0.066
住房(参照组:自建住房)			
商品房	0.001	-0.416*	0.482*
雇主提供	-0.206	-0.351	0.356
市场租赁	0.184	-0.284	0.332
保障房、亲属借宿等方式	-0.15	-0.127	0.497
居住分割程度	-0.001	0	0.001
常数	0.179	-0.211	-0.028
观测值	542	188	189
拟合值	0.054	0.11	0.099

注：*代表在10%的水平上显著，**代表在5%的水平上显著，***代表在1%的水平上显著。

五 特殊信任的影响因素

"特殊信任"主要是"对于村干部/社区干部的信任""对网格员的信任"两个因素的潜变量。前文中我们做统计分析已经发现，无论流动人口还是本地人口在特殊信任评分上不存在显著差异。

本地人口的"特殊信任"主要受两方面因素的影响，一是居民的受教育水平，初中教育水平比小学及以下教育水平居民特殊信任评分高 0.176；二是住房，以保障房、亲戚借宿等方式居住的居民的特殊信任水平比自建住房高 0.969。但拟合程度不高，为 0.071；

省内流动人口和省外流动人口的回归拟合程度都在 0.1 以下，说明我们目前考虑的因素尚不足以解释不同类型居民之间的特殊信任水平差异。

表 6-14　社区"特殊信任"的影响因素

自变量	本地人口	省内流动	省外流动
因变量:特殊信任			
性别	-0.044	-0.092	0.002
年龄	0.002	0.001	0
婚姻	0.074	0.301	0.026
受教育水平(参照组:小学及以下)			
初中	0.176**	0.009	0.013
高中/职高	0.018	0.599	0.022
大专及以上	0.074	0.146	0.046
家庭收入(对数)	-0.001	0.032	-0.008
党员(是=1)	-0.013	-0.163	-0.042
社区干部(是=1)	-0.005	0.255	0.045
就业单位类型(参照组:党政机关/事业单位/社会团体)			
国有企业	-0.062	0.46	-0.073
私营/合资/集体企业	-0.062	0.176	-0.103
个体/家庭经营/自由职业	-0.098	0.645	-0.119
有孩子读幼儿园(有=1)	-0.026	-0.259	0.016
有孩子读小学(有=1)	-0.023	-0.045	0.03
住房(参照组:自建住房)			
商品房	-0.038	-0.243	-0.001
雇主提供	-0.045	0.486	-0.082
市场租赁	-0.013	-0.095	-0.043

续表

因变量:特殊信任			
自变量	本地人口	省内流动	省外流动
保障房、亲属借宿等方式	0.969***	-0.179	-0.032
居住分割程度	-0.001	0.002	0
常数	-0.073	-0.908	0.115
观测值	542	188	189
拟合值	0.071	0.092	0.081

注：* 代表在10%的水平上显著，** 代表在5%的水平上显著，*** 代表在1%的水平上显著。

第五节　总结与讨论

在传统的熟人社会，从信任、归属感、团结等维度看，社区融合都是社区存在的最根本要素。进入市场化时代，农村人口脱离原来的熟人社会，来到城市居住空间，由于户籍制度门槛，城乡二元结构开始在城市复制，本地人口与外地人口之间在居住空间上开始出现差异，流动人口更多地聚居在城乡接合部、城郊地区，而本地人口开始向城市中心区集聚。在流动人口周围，大多聚集着同样身份的人群。有学者指出流动人口的居住模式是一种"无根性居住"，由于不具备家庭生活功能、不融入当地生活共同体、不享受社会权利，身份认同与社区归属感失调，其本质是居住的多重价值被剥离导致个体与生活共同体相互隔离[①]。

在城乡接合部地区，原有的农转居地区出现了靠租房食利的在地住户，海沧的快速发展，吸引了大量的外来流动人口，而农转居

---

① 朱磊：《农民工的"无根性居住"：概念建构与解释逻辑》，《山东社会科学》2014年第1期。

居民的住房资源成为炙手可热的资产。流动人口通常都是极力降低自身的消费需求，相对城市人口来讲，流动人口对住房环境具有更高的忍耐性。因此，在城郊地区，老旧的泥房加盖、翻建的楼房"肩并肩""脸贴脸"，单间面积仅有 10 平方米左右，公共空间促狭逼仄，居住环境极差。本地人口除了收房租的"房姐""房叔"，大多远离这样的社区。这在一定程度上使本地人口与外来流动人口更加绝缘。居住于这样的社区，流动人口通常互相抱团取暖，流动人口之间的交往、支持远高于流动人口与本地人口。本报告利用调查数据，首先从居住差异的角度检验了海沧区本地人口与流动人口的分布情况，海沧区的居住分异指数为 0.54，按照居住分异指数划分，处于中等居住分异程度。流动人口主要聚集于城乡接合的新阳街道地区，聚集了 62.75% 的外来人口，户籍人口与非户籍人口相异度达到 37.27。在社会融合上，我们从 5 个维度来测量，分别为"社区归属感""社会支持""政治参与""一般信任"和"特殊信任"。本地居民在前 4 个维度上的平均得分都显著高于外来流动人口，两者在"特殊信任"上不存在显著差异。

在影响社会融合的因素上，我们分人群进行了分类探讨。有几个显著的特征尤其值得关注。

首先，对本地人口来讲，身份和住房对于其社会融合度具有很高的影响。党员、社区干部等身份在很大程度上提高本地人口的社区归属感、社会支持、政治参与、一般信任水平。在本地人口内部，不同居住方式显现不同的社会融合程度，相对于"自建住房"的本地居民，商品房住户在社区归属感、社会支持、政治参与等维度水平更低。这两方面也体现了工业化发展进程中，现代社区、陌生人社会对原有的熟人社会是逐渐打散的过程，即便同为本地居民，随着居住方式从传统村落聚居向现代社区居住改变，社会融合也在一定程度上受到削弱。

其次，省内流动人口相对于纯粹的省外流动人口，至少在语言上不存在障碍。本章的基本假设是省内流动人口的社会融合性一定程度上要高于省外流动人口。从分析结果看，单位属性、家庭特征和居住方式三者同时影响了省内流动人口的社会融合程度。一是从"党政机关/事业单位/社会团体"，到"国有企业"单位，再到"私营/合资/集体企业"，省内流动人口的社区归属感、社区支持程度依次降低；二是有子女就读幼儿园的家庭社会融合程度更高；三是在居住方式上，商品房住户的社会融合程度最高。这一定程度可能反映省内流动人群更有可能是中等收入群体的职业流动，在职业选择、居住环境上更向中等收入群体靠拢的一个特征。

再次，省外流动人口在海沧已经接近总人口的一半，也是前文中反复提及的居住相对分割的群体。从省外流动人口的社会融合影响因素看，职业、身份、家庭特征、居住方式和社区居住分割程度都是影响省外流动人口的重要因素。从职业、身份看，在"党政机关/事业单位/社会团体""国有企业"单位就业的流动人口社会融合度更高，党员身份的流动人口政治参与度更高；在家庭特征上，子女在当地上幼儿园的家庭社会融合度更好；在居住方式上，与本地人口和省内流动人口有很大的差异，居住在"商品房"、以"保障房、亲属借宿等方式"居住的流动人口社区归属感更高。从居住分割角度，居住分异程度越高的社区，流动人口获得的社会支持水平也越高。这也再次表明，流动人口之间的社会支持程度更多地来源于流动人口内部，而非与本地人口之间的社会支持。因此，在两者居住分割程度越高的社区中，流动人口反倒表现出更高的社会支持水平。

在城镇化进程中，流动人口由于制度、结构、心理三方面的限制，被局限在城市的特定空间，西方近百年的发展历程无数次证明贫困人群聚居会产生众多的社会问题，可能埋下社会稳定的巨大隐患。在城市长期发展中，居住分割、社会隔离也会导致人力资本劣势的代际传递，造成城市长期竞争力不足。因此，必须未雨绸缪，避免群体间交往疏离造成长期的社会隔离，促进流动人口与本地居民的和睦相处，推动流动人口实现在地社会融合。

参考文献

陈金田:《失地农民留地安置的个案研究——对厦门市"金包银"工程的分析》,《中国农村观察》2006年第4期。

陈钊、徐彤、刘晓峰:《户籍身份、示范效应与居民幸福感——来自上海和深圳社区的证据》,《世界经济》2012年第4期。

陈钊、陆铭等:《户籍与居住区分割:城市公共管理的新挑战》,《复旦学报》(社会科学版)2012年第5期。

陈杰、郝前进:《快速城市化进程中的居住隔离——来自上海的实证研究》,《学术月刊》2014年第5期。

成洁、赵晖:《我国公共听证制度的困境与突围》,《江海学刊》2014年第2期。

杜德斌、崔裴等:《论住宅需求、居住选址与居住分异》,《经济地理》1996年第1期。

邓大松、胡宏伟:《流动、剥夺、排斥与融合:社会融合与保障权获得》,《中国人口科学》2007年第6期。

丁少群、王信、林平忠:《厦门农村就地城市化的难点及对策》,《集美大学学报》(哲学社会科学版)2008年第11期。

恩格斯：《英国工人阶级状况》，人民出版社，1956。

冯建国、杜姗姗、陈奕捷：《大城市郊区休闲农业园发展类型探讨——以北京郊区休闲农业园区为例》，《中国农业资源与区划》2012年第33期。

冯皓、陆铭：《通过买房而择校——教育影响房价的实证证据》，《世界经济》2010年第12期。

关信平：《论"福利国家"与"福利社会"》，载《社会福利研究》（第二辑），中国社会出版社，2010。

詹姆斯·罗西瑙：《没有政府的治理》，江西人民出版社，2001。

范明林：《非政府组织与政府的互动关系——基于法团主义和市民社会视角的比较个案研究》，《社会学研究》2010年第3期。

高艳梅、李景刚、汤惠君：《农村集体建设用地流转中的政府失灵和市场失灵及制度改革》，《农业现代化研究》2013年第3期。

景天魁：《底线公平：和谐社会的基础》，北京师范大学出版社，2009。

景天魁：《应对金融危机的"大福利构想"》，载《探索与争鸣》2010年第1期。

贾立斌：《基于城乡统筹视角的土地集约利用对策研究》，《安徽农业科学》2012年第40期。

纪莺莺：《当代中国的社会组织：理论视角与经验研究》，《社会学研究》2013年第5期。

贾西津：《中国公民社会发育的三条路径》，《中国行政管理》2003年第3期。

郭克莎：《中国工业发展战略及政策的选择》，《中国社会科学》2004年第1期。

顾益康、邵峰：《全面推进城乡一体化改革》，《中国农村经济》2003年第1期。

黄晓春、嵇欣：《非协同治理与策略性应对——社会组织自主性研究的一个理论框架》，《社会学研究》2014年第6期。

黄林秀、唐宁：《城市化对农村居民生活质量影响的实证研究》，《西南大学学报》（社会科学版）2012年第2期。

黄友琴、易成栋：《户口、迁移与居住分异——以武汉为例的实证研究》，《城市发展研究》2009年第2期。

韩晓燕、田晓丽：《当下情境，文化与选择性注意：长期上访户的认知》，《清华大学学报》（哲学社会科学版）2015年第2期。

洪银兴、陈雯：《城市化和城乡一体化》，《经济理论与经济管理》2003年第4期。

贺东航、洪英士：《厦门岛外城乡一体化问题研究》，《中共福建省委党校学报》2007年第6期。

何子张：《城市顶层规划编制实践与思考——"美丽厦门"战略规划特征分析》，《城乡规划》（城市地理学术版）2015年第1期。

刘成斌、周兵：《中国农民工购房选择研究》，《中国人口科学》2015年第6期。

许经勇：《逐步破除厦门岛内外一体化的体制性障碍》，《发展研究》2010年第9期。

李路路：《"单位制"的变迁与研究》，《吉林大学社会科学学报》2013年第1期。

李培林等：《和谐社会构建与西方社会学社会建设理论》，《社会》2005 年第 6 期。

李强：《和谐社会与社会建设》，《中国特色社会主义研究》2007 年第 6 期。

李友梅、肖瑛、黄晓春：《当代中国社会建设的公共性困境及其超越》，《中国社会科学》2012 年第 4 期。

李志刚、吴缚龙：《转型期上海社会空间分异研究》，《地理学报》2006 年第 2 期。

黎莉、王珏、陈棠：《从旅游业角度看海南"候鸟式"养老的发展》，《地域研究与开发》2015 年第 1 期。

陆学艺：《关于社会建设的理论和实践》，《国家行政学院学报》2008 年第 2 期。

陆学艺：《社会建设就是建设社会现代化》，《社会学研究》2011 年第 4 期。

陆学艺：《当代中国社会结构变动中的社会建设》，《甘肃社会科学》2010 年第 6 期。

厉以宁：《改变城乡二元经济结构意义深远》，《中国经贸导刊》2004 年第 3 期。

陆铭、陈钊：《城市化，城市倾向的经济政策与城乡收入差距》，《经济研究》2004 年第 6 期。

林卡：《"福利社会"：社会理念还是政策模式？》，《学术月刊》2010 年第 4 期。

林闽钢：《积极社会政策与中国发展的选择》，《社会政策研究》2016 年第 1 期。

潘鸣啸：《上山下乡运动再评价》，《社会学研究》2005 年第 5 期。

孙立平：《社会建设的目标是促进社会进步》，《北京工业大学学报》（社会科学版）2009年第2期。

王蓉：《中国县级政府教育财政预算行为：一个案例研究》，《北京大学教育评论》2004年第2期。

英瓦尔·卡尔松、什里达特·兰法尔：《天涯成比邻——全球治理委员会的报告》，中国对外翻译出版公司，1995。

〔美〕帕克等：《城市社会学——芝加哥学派城市研究文集》，华夏出版社，1987。

普秋、张复明：《城乡一体化研究的进展与动态》，《城市规划》2003年第6期。

彭华民：《社会福利与需要满足》，社会科学文献出版社，2008。

彭华民、刘军强：《城市新贫穷社群的形成——以天津秋风里社区为例》，《中国社会保障》2006年第1期。

彭勃、张振洋：《国家治理的模式转换与逻辑演变——以环境卫生整治为例》，《浙江社会科学》2015年第3期。

钱宁、陈立周：《当代发展型社会政策研究的新进展及其理论贡献》，《湖南师范大学社会科学学报》2011年第4期。

任远、邬民乐：《城市流动人口的社会融合：文献述评》，《人口研究》2006年第3期。

任保平：《城乡发展一体化的新格局：制度、激励、组织和能力视角的分析》，《西北大学学报》（哲学社会科学版）2009年第39期。

唐皇凤：《"中国式"维稳：困境与超越》，《武汉大学学报》（哲学社会科学版）2012年第5期。

孙斌栋、吴雅菲：《上海居住空间分异的实证分析与城市规划应对策略》，《上海经济研究》2008年第12期。

王桂新、张得志：《上海外来人口生存状态与社会融合研究》，《市场与人口分析》2006年第5期。

王春光：《农村流动人口的"半城市化"问题研究》，《社会学研究》2006年第5期。

王信贤：《争辩中的中国社会组织研究：国家—社会的视角》，韦伯出版公司，2006。

王键、周润山：《发展重点中心镇降低农民进城门槛——青岛推进新型城镇化的路径探索》，《地方财政研究》2012年第4期。

王道勇、郧彦辉：《西方居住隔离理论：发展历程与现实启示》，《城市观察》2014年第1期。

汪汇、陈钊、陆铭：《户籍、社会分割与信任：来自上海的经验研究》，《世界经济》2009年第10期。

吴启焰、崔功豪：《南京市居住空间分异特征及其形成机制》，《城市规划》1999年第12期。

夏建中：《新城市社会学的主要理论》，《社会学研究》1998年第4期。

邢朝国：《村民自治与征地补偿费的村级分配》，《社会学评论》2014年第2期。

杨善华：《家族政治与农村基层政治精英的选拔、角色定位和精英更替——一个分析框架》，《社会学研究》2000年第3期。

俞可平：《新移民运动，公民身份与制度变迁》，《经济社会体制比较》2010年第1期。

袁政：《市场能否合理调节人口的区域再分布》，《中国人口科学》2001年第5期。

袁媛、许学强：《广州市外来人口居住隔离及影响因素研究》，《人文地理》2008年第5期。

姚德超、刘筱红：《邻避现象及其治理》，《城市问题》2014年第4期。

折晓叶、陈婴婴：《社区的实践——"超级村庄"的发展历程》，浙江人民出版社，2000。

张海波、童星：《被动城市化群体城市适应性与现代性获得中的自我认同》，《社会学研究》2006年第2期。

张荆红：《"维权"与"维稳"的高成本困局——对中国维稳现状的审视与建议》，《理论与改革》2011年第3期。

张文宏、雷开春：《城市新移民社会融合的结构、现状与影响因素分析》，《社会学研究》2008年第5期。

章光日、顾朝林：《快速城市化进程中的被动城市化问题研究》，《城市规划》2006年第5期。

朱华武等：《湖南省休闲农业发展战略与空间布局探讨》，《经济地理》2013年第33期。

朱磊：《农民工的"无根性居住"：概念建构与解释逻辑》，《山东社会科学》2014年第1期。

《厦门市海沧区"美丽厦门 共同缔造"社会治理实践案例汇编》，2014年10月。

Benoit-Barne, C., Hauser, G. A., "Reflections on Rhetoric, Deliberative Democracy, Civil Society, and Trust", *Rhetoric & Public Affairs* 5 (2002): 261-275.

Blattberg, C., "Patriotic, not Deliberative, Democracy", *Critical*

Review of International Social and Political Philosophy 6 (2003): 155 – 174.

Benijts, T., "A Business Sustainability Model for Government Corporations. A Belgian Case Study", *Business Strategy and the Environment* 23 (2014): 204 – 216.

Besley, T., & Coate, S., "Centralized Versus Decentralized Provision of Local Public Goods: a Political Economy Approach", *Journal of Public Economics* 87 (2003): 2611 – 2637.

Besley, T., Pande, R., Rahman, L., & Rao, V., "The Politics of Public Good Provision: Evidence from Indian local Governments", *Journal of the European Economic Association* 2 (2004): 416 – 426.

Bloor, K., Hendry, V., & Maynard, A., "Do we Need More Doctors?", *Journal of the Royal Society of Medicine* 99 (2006): 281 – 287.

Durose, C., Mangan, C., Needham, C., & Rees, J., "Evaluating Co-production: Pragmatic Approaches to Building the Evidence Base", Institute for Excellence (SCIE) 4 (2009).

Foa, R., The Economic Rationale for Social Cohesion-The Cross-Country Evidence (Social Cohesion and Development), Paris France, January 2011.

Fratesi, U., "Regional Policy from a Supra-regional Perspective", *The Annals of Regional Science* 42 (2008).

Fike, R., & Gwartney, J., "Public Choice, Market Failure, and Government Failure in Principles Textbooks", *The Journal of Economic Education* 46 (2015).

Gutmann Amy, Dennis Thompson, *Why Deliberative Democracy?* (Princeton University Press, 2004).

Hoff, K., Stiglitz, J. E., "Introduction: Imperfect Information and Rural Credit Markets: Puzzles and Policy Perspectives", *The World Bank Economic Review* 4 (1990).

Li, B., "Urban Social Change in Transitional China: A Perspective of Social Exclusion and Vulnerability", *Journal of Contingencies and Crisis Management* 13 (2005).

Li, B., "Floating Population or Urban Citizens? Status, Social Provision and Circumstances of Rural-urban Migrants in China", *Social Policy & Administration* 40 (2006).

Li, B., Chen C. and Hu, B., "Governing Urbanisation and the New Urbanisation Plan in China", *Environment & Urbanisation* (2016).

Li, B., "Social Pension Unification in an Urbanising China: Paths and Constraints", *Public Administration and Development* 34 (4).

李秉勤, "Floating Population or Urban Citizens? Status, Social Provision and Circumstances of Rural-urban Migrants in China", *Social Policy & Administration* 40 (2006): 174 - 195.

Li, B., Huikuri, S., Zhang, Y., & Chen, W., "Motivating Intersectoral Collaboration with the Hygienic City Campaign in Jingchang, China", *Environment and Urbanization* 27 (2015).

Li, B., & Mayraz, G., "Infrastructure Spending in China Increases Trust in Local Government", *Social Indicators Research* (2015).

Li, B., "How Successful are China's Public Housing Schemes," in Litao Zhao ed., *China's Social Development and Policy: Into the Next Stage?*

(London: Routledge, 2013).

李秉勤 & Piachaud, D. , "Urbanization and Social Policy in China", *Asia Pacific Development Journal* 13 (2006).

Lewis, W. A. , "The State of Development Theory", *The American Economic Review* 74 (1984).

Lewis, W. A. , "The Dual Economy Revisited", *The Manchester School* 47 (1979).

MacDonald, G. , & Leary, M. R. , "Why does Social Exclusion Hurt? The Relationship between Social and Physical Pain", *Psychological Bulletin* 131 (2005).

Miller, R. , "The Hoover © in the Garden: Middle-class Women and Suburbanization, 1850–1920", *Environment and Planning D: Society and Space* 1 (1983).

Needham, C. , "Realising the Potential of Co-Production: Negotiating Improvements in Public Services", *Social Policy and Society* 7 (2008).

Ozanne, J. L. , Corus, C. , & Saatcioglu, B. , "The Philosophy and Methods of Deliberative Democracy: Implications for Public Policy and Marketing", *Journal of Public Policy & Marketing* 28 (2009).

Ostrom, E. , "Crossing the Great Divide: Coproduction, Synergy, and Development", *World Development* 24 (1996).

Pimbert, M. , & Wakeford, T. , "Overview: Deliberative Democracy and Citizen Empowerment", *PLA notes* 40.

Rosol, M. , "Community Volunteering as Neoliberal strategy? Green Space Production in Berlin", *Antipode* 44 (2012).

Roche, M., & Van Berkel, R., *European Citizenship and Social Exclusion* (Aldershot: Ashgate, 1997).

Silverman, M., *Deconstructing the Nation: Immigration, Racism and Citizenship in Modern France* (London: Routledge, 2002).

Short, J. R., Hanlon, B., & Vicino, T. J., "The Decline of Inner Suburbs: the New Suburban Gothic in the United States", *Geography Compass* 1 (2007).

Tonkiss, F., "Space, the City and Social Theory: Social Relations and Urban Forms", *Polity*.

Whitaker, G. P., "Coproduction: Citizen Participation in Service Delivery", *Public Administration Review*.

Wennberg, J. E., Barnes, B. A., & Zubkoff, M., "Professional Uncertainty and the Problem of Supplier-induced Demand", *Social Science & Medicine* 16 (7).

Watt, P., "Living in an Oasis: Middle-class Disaffiliation and Selective Belonging in an English Suburb", *Environment and Planning A* 41 (12).

Zhong, Y., "Do Chinese People Trust Their Local Government, and Why? An Empirical Study of Political Trust in Urban China. *Problems of Post–Communism* 61 (2014).

Patrick Bayer, Robert McMillan, and Kim Rueben, "The Causes and Consequences of Residential Segregation: An Equilibrium Analysis of Neighborhood Sorting" (Yale University, 2002), Working Paper.

Duncan, O. D. & Duncan, B., "Residential Distribution and

Occupational Stratification". *American Journal of Sociology* 60 (1995).

Massey, D. S. & Denton, N. A., "The Dimensions of Residential Segregation". Social Forces 67 (1988).

Wong, D. W. S., "Enhancing Segregation Studies Using GIS", Computers, *Environment and Urban Systems* 20 (1996).

Wong, D. W. S., Conceptual and Operational Issues in Incorporating Segregation Measurements in Hedonic Price Modeling. In A. Baranzini et al., eds. Hedonic Methods in Housing Markets. New York, NY: Springer New York, 2008.

Massey, D. S., White, M. J. & Phua, V. -C., "The Dimensions of Segregation Revisited", *Sociological Methods & Research* 25 (1996).

Iceland, J., Weinberg, D. H. & Steinmetz, E., *Racial and Ethnic Residential Segregation in the United States: 1980 - 2000* (Washington, D. C.: U. S. Government Printing Office, 2002).

Massey, D. S., Rothwell, J. & Domina, T., "The Changing Bases of Segregation in the United States", *Annals of the American Academy of Political and Social Science* 626 (2009).

Narayan, Deepa & F. Michael Cassidy, "A Dimensional Approach to Measuring Social Capital: Development and Validation of a Social Capital Inventory", *Current Sociology* 49 (2001).

后　记

本书经过深入的调查和认真的写作，终于成稿。我们以厦门市海沧区"美丽厦门　共同缔造"实践为研究对象，试图对案例进行解剖，对海沧区的"共同缔造"与社会建设、社会服务的关系进行了梳理。海沧区作为沿海发达城市，在过去三十多年的经历以及面临的问题、采取的应对策略，都有着先行性，对其他地区会有一定的参考和借鉴价值，它所存在的局限性在许多方面也是全国其他地方不同程度存在的。因此，我们不仅希望把厦门市海沧区案例的来龙去脉说清楚，更重要的是希望通过对本案例的普遍性和特殊性的分析，为全国其他地方进行社会建设创新实践的政府提供一个可以借鉴的案例，这是我们希望这个研究能起到的作用。

在本书的调查与写作期间，海沧区党委、政府各部门给予了我们大力帮助，在此对他们表示感谢。当然文中还存在些许不足，主要归因于我们研究水平还有待提高，我们将继续努力。

本书是集体合作的成果，各章的具体写作安排如下：第一、二章分别由单丽卿、房莉杰负责写作；第三、四章由李秉勤负责；第五、六章分别由梁晨、王晶负责。

图书在版编目(CIP)数据

共同缔造与海沧社会建设 / 梁晨等著. -- 北京：社会科学文献出版社，2018.8
（中国社会科学院院际合作系列成果.厦门）
ISBN 978 - 7 - 5201 - 1921 - 4

Ⅰ.①共⋯ Ⅱ.①梁⋯ Ⅲ.①社会发展 - 研究 - 厦门 Ⅳ.①D675.7

中国版本图书馆 CIP 数据核字（2017）第 297850 号

·中国社会科学院院际合作系列成果·厦门·
共同缔造与海沧社会建设

著　者 / 梁　晨　房莉杰　李秉勤　王　晶　单丽卿

出　版　人 / 谢寿光
项目统筹 / 邓泳红　吴　敏
责任编辑 / 吴　敏　吴云苓

出　　版 / 社会科学文献出版社·皮书出版分社（010）59367127
　　　　　 地址：北京市北三环中路甲29号院华龙大厦　邮编：100029
　　　　　 网址：www.ssap.com.cn
发　　行 / 市场营销中心（010）59367081　59367018
印　　装 / 三河市尚艺印装有限公司

规　　格 / 开　本：787mm × 1092mm　1/16
　　　　　 印　张：14.75　字　数：177千字
版　　次 / 2018年8月第1版　2018年8月第1次印刷
书　　号 / ISBN 978 - 7 - 5201 - 1921 - 4
定　　价 / 89.00元

本书如有印装质量问题，请与读者服务中心（010 - 59367028）联系

▲ 版权所有 翻印必究